600kal 미만의 **저열량·저지방·저염분 메뉴 100**

밥 대신
자연식 샐러드

김옥경 지음

수작걸다

책을 펴내며…

세상이 온통
초록으로 반짝입니다.

매일 아침, 문 밖을 나서면 곳곳의 생명들이 반짝이며 인사를 전해오지요. 그중 제가 제일 먼저 안부를 묻는 곳이 제 텃밭입니다. 햇볕에 땅이 녹기 시작할 때부터 제 몸과 마음을 바삐 움직이게 만드는 곳. 바로 저의 보물섬입니다. 하루가 다르게 쑥쑥 자라는 채소가 가득한, 보고만 있어도 생장의 기쁨이 넘치는 곳이지요.

'올해엔 어떤 녀석들로 텃밭을 일굴까?' '샐러드 접시에는 무얼 올릴까?' 올해에도 어김없이 행복한 궁리를 하며 텃밭을 일구었습니다. 올해 제 텃밭은 상추와 치커리, 쑥갓, 깻잎, 오이, 호박, 풋고추, 토마토 등의 채소부터 수박, 참외 등의 과일까지 자연식 먹을거리에 꼭 필요한 녀석들이 사이좋게 옹기종기 자리를 나누고 있습니다.
특별히 올해에는 텃밭 한쪽에 작은 허브 농장까지 마련했지요. 사랑하는 사위와 아들이 종일 땅을 일구어 저에게 선물한 공간입니다. 로즈마리, 애플민트, 라벤더, 바질… 산속에서는 만나기 힘든 귀하디 귀한 허브 향을 맡고 있으면 하루 동안의 노곤함도 물밀듯 사라집니다.

사실 저는 이 텃밭만 있으면 두려울 게 없습니다. 생명의 기운이 가득한 이 채소들이야 말로 저와 우리 가족의 인생을 건강하게 지켜준다는 걸 잘 알기 때문이지요. 20년 전, 6개월 시한부 삶을 선고받은 직장암 말기 환자였던 남편을 죽음으로부터 지켜준 것도 다름 아닌 이 채소들입니다. 육식을 즐기던 남편은 규칙적인 생활습관과 제가 차려준 채식 중심의 자연식 상차림으로 건강을 되찾았습니다. 그리고 지금은 우리 가족과 〈자연생활의 집〉을 찾는 수많은 이들의 건강을 지켜주고 있으니, 텃밭은 제게 둘도 없는 저금통장입니다.

이 책은 제가 자연식 요리를 시작한 이래 처음 선보이는 샐러드 책입니다. 생각해 보면 샐러드야 말로 자연 그대로를 식탁으로 옮기는 자연식 요리의 핵심이라 할 수 있지요. 그간 〈자연생활의 집〉을 찾은 손님들이 가장 좋아했던 메뉴들 역시 샐러드였다는 사실을 떠올리며, 지금껏 제가 선보여온 100여 가지 샐러드를 책에 담았습니다. 오전에 먹기 좋은 브런치 샐러드부터 곁들여 먹기 좋은 반찬 샐러드, 식사 대용으로 든든하게 먹을 만한 한끼 샐러드, 핑거 푸드용 한입 샐러드, 특별한 상차림에 필수인 손님맞이용 샐러드, 식후 후식처럼 먹기 좋은 디저트 샐러드, 도시락용 샐러드까지 여러 상황에 맞는 샐러드를 소개했습니다.

부디 이 책이 많은 이들을 건강한 자연식 식탁으로 이끄는 안내서가 되길 기원해 봅니다. 더불어 책이 나올 때까지 물심양면으로 도움을 준 제 가족에게 감사의 말을 전합니다.

이제부터 자연식 요리의 진짜 주인공,
생명의 기운이 가득한 '샐러드'의 시간입니다.

〈자연생활의 집〉에서 **김옥경 드림**

CONTENTS

Bonus 1 홈 메이드 자연식 기본 드레싱 10 **010**
Bonus 2 자연식 샐러드를 빛내주는 '비밀' **016**

DISH 1 브런치 샐러드

채소 볶음 샐러드 + 매콤 잣 드레싱 **022**

감자 샐러드 + 흑임자 드레싱 **024**

구운 감자 샐러드 + 토마토 양파 드레싱 **026**

두부 라이스버거 샐러드 + 들깨 드레싱 **028**

모둠 채소 샐러드 + 레몬 드레싱 **030**

공갈빵 샐러드 + 프렌치 드레싱 **032**

오렌지 브런치 샐러드 + 오렌지청 드레싱 **034**

그레놀라 샐러드 + 두유 드레싱 **036**

로메인 샐러드 + 블루베리 드레싱 **038**

리코타 시저 샐러드 + 비트 드레싱 **040**

햄버거 스테이크 샐러드 + 조림 간장 드레싱 **042**

고구마 모닝빵 샐러드 + 고구마 두유 드레싱 **044**

사라다나 샐러드 + 토마토 드레싱 **046**

와플 샐러드 + 한라봉 드레싱 **048**

바나나 새싹 샐러드 + 오렌지 드레싱 **050**

DISH 2 반찬 샐러드

부추잡채 샐러드 + 고추장 드레싱 **054**
나물 샐러드 + 금귤 드레싱 **056**
표고버섯 깐풍기 샐러드 + 칠리 드레싱 **058**
튀긴 두부 샐러드 + 채소국물 드레싱 **060**
오이 믹스 샐러드 + 레몬 드레싱 **062**
가지찜 샐러드 + 토마토 베지버거 소스 **064**
브로콜리 샐러드 + 석류 올리브 드레싱 **066**
표고버섯 샐러드 + 감식초 드레싱 **068**
물미역 샐러드 + 고추냉이 간장 드레싱 **070**
셀러리 샐러드 + 치자 마요네즈 드레싱 **072**
마 적양배추 샐러드 + 갈릭 마요네즈 드레싱 **074**
버섯볶음 샐러드 + 아시안 드레싱 **076**
세발나물 샐러드 + 유자청 드레싱 **078**
알감자 다시마 샐러드 + 조림 간장 드레싱 **080**
알배추 가지 샐러드 + 굴소스 **082**
더덕구이 샐러드 + 고추장 양념 소스 **084**
야콘 배추 샐러드 + 된장 드레싱 **086**
우뭇가사리 샐러드 + 고추장 레몬 드레싱 **088**
삼색 콩 샐러드 + 매실 마요네즈 드레싱 **090**

DISH 3 한끼 샐러드

고대미밥 샐러드 + 채소국물 간장 드레싱 **094**
대추 현미밥 샐러드 + 장아찌 드레싱 **096**
곤드레밥 샐러드 + 간장 드레싱 **098**
오믈렛 샐러드 + 발사믹 글레이즈 **100**
구운 알감자 샐러드 + 키위 드레싱 **102**
모둠 콩 샐러드 + 바나나 드레싱 **104**
올리브 샐러드 + 오디 드레싱 **106**
쿨 두유 파스타 샐러드 + 검은콩 두유 드레싱 **108**
더덕 팬네 샐러드 + 약고추장 드레싱 **110**
비빔 통밀칼국수 샐러드 + 고추냉이 간장 드레싱 **112**
파스타 샐러드 + 로제 드레싱 **114**
현미 떡 샐러드 + 달콤 간장 드레싱 **116**
감자 양배추 샐러드 + 매콤 토마토 드레싱 **118**
토마토 수프 샐러드 + 로즈마리 소스 **120**
버섯들깨 샐러드 + 들깨 찹쌀 드레싱 **122**

CONTENTS

DISH 5 손님맞이 샐러드

삼색 두부 샐러드 + 신선초 뿌리 드레싱 **154**
톳 생채 샐러드 + 레몬 생강 드레싱 **156**
연근밥 묵 샐러드 + 달래 간장 드레싱 **158**
시금치 샐러드 + 민트 망고 드레싱 **160**
밤 대추 묵 샐러드 + 살구 초장 드레싱 **162**
호박밥 나물 샐러드 + 토마토 감식초 드레싱 **164**
삼색 튀김 샐러드 + 매운 고추 드레싱 **166**
대추곶감 샐러드 + 시나몬 드레싱 **168**
튀긴 곤약 샐러드 + 치자 마요네즈 드레싱 **170**
스파이시 치킨맛 샐러드 + 셀러리 레몬 드레싱 **172**
구운 뿌리채소 샐러드 + 발사믹 오일 드레싱 **174**
버섯 숙회 샐러드 + 고추냉이 초장 드레싱 **176**

DISH 4 한입 샐러드

애호박 가지 샐러드 + 초간장 드레싱 **126**
양배추 쌈 샐러드 + 생강 드레싱 **128**
구운 가지 샐러드 + 발사믹 간장 드레싱 **130**
메밀전병 샐러드 + 오렌지 시럽 **132**
콩나물 볶음 샐러드 + 발사믹 갈릭 드레싱 **134**
연두부 샐러드 + 간장 드레싱 **136**
삼색 롤 샐러드 + 고추냉이 드레싱 **138**
표고버섯선 샐러드 + 굴소스 **140**
다시마말이 샐러드 + 키위 오디청 드레싱 **142**
파인애플 페이퍼 롤 샐러드 + 땅콩 드레싱 **144**
밀고기말이 샐러드 + 굴소스 **146**
고구마 유자청 샐러드 + 허브 드레싱 **148**
완자 샐러드 + 메이플 드레싱 **150**

DISH 6 디저트 샐러드

과일찜 샐러드 + 과일 시럽 **180**
채소 화채 샐러드 + 오디청 민트 드레싱 **182**
튀긴 사과 샐러드 + 레몬 사과 드레싱 **184**
말린 과일 샐러드 + 녹차 드레싱 **186**
통팥 샐러드 + 아가베 잣 드레싱 **188**
파인애플 샐러드 + 땅콩 마요네즈 드레싱 **190**
호박설기 화채 샐러드 + 시나몬 매실 드레싱 **192**
망고 스무디 샐러드 + 아이스 바나나 드레싱 **194**
메론 샐러드 + 사과 드레싱 **196**
튀긴 소면 샐러드 + 금귤 마요네즈 드레싱 **198**
밤 수삼 샐러드 + 솔잎청 드레싱 **200**

Bonus 3 자연식 곁들임 메뉴 5 **216**
Bonus 4 샐러드 칼로리 인덱스 **222**

DISH 7 도시락 샐러드

주먹밥 샐러드 + 잣 마요네즈 드레싱 **204**
라이스 샐러드 + 토마토 잣 드레싱 **206**
토마토 파니니 + 발사믹 오일 드레싱 **208**
단호박 샐러드 + 캐슈너트 드레싱 **210**
샐러드 김밥 + 겨자 레몬 드레싱 **212**
통밀식빵 샐러드 + 잣 마요네즈 드레싱 **214**

일러두기

* 책 속 메뉴는 모두 2인분 기준입니다.
* 책 속 1컵 기준은 200ml입니다.
* 요리에 사용된 고추장, 된장, 간장은 모두 자연식 고추장, 자연식 된장, 자연식 간장입니다.
* 요리에 사용된 소금은 구운 소금입니다.
* 가루간장은 자연식 간장으로 대체할 수 있습니다.

Bonus Page

자연식 홈 메이드 기본 드레싱 10

자연식 샐러드의 맛은 싱싱한 재료와 드레싱이 좌우합니다. 너무 진하지 않은 양념의 조화가 핵심이지요. 자연 그대로의 맛이 최대한 살도록 그 양 또한 최소한을 사용합니다. 자연식 샐러드를 위한 홈 메이드 기본 드레싱 10가지를 소개합니다.

마요네즈 드레싱

샐러드 드레싱의 기본 1호이지요. 단호박, 감자처럼
담백한 재료에 더하면 한끼 식사로도 훌륭합니다.
마요네즈와 가장 비슷한 맛의 캐슈너트를 사용하는데,
좀 더 고소한 맛을 내고 싶다면 캐슈너트 대신 잣을
사용해도 좋습니다.

재료 | 캐슈너트 1/2컵, 레몬즙·꿀·올리브유·물 1큰술씩,
소금 약간

1 캐슈너트는 불순물이 섞이지 않도록 사용 전에 먼지를 턴다.
2 레몬즙은 즉석에서 즙을 내 사용한다.
3 올리브유를 제외한 재료를 한데 넣고 섞은 뒤, 마지막에
   올리브유를 넣고 한 번 더 섞는다.

허브 드레싱

다양한 재료와 잘 어울리는 드레싱입니다.
견과류를 베이스로 한 드레싱과 달리
지방질도 적어 부담 없이 양껏 먹기 좋지요.
느끼하지 않고 각종 나물 샐러드와도 어울려
우리 입맛에도 잘 맞습니다.

재료 | 레몬즙·올리브유 3큰술씩, 꿀 2큰술, 파슬리 잎 3g, 바질 잎(또는
파슬리가루·바질가루) 3g, 소금 약간

1 파슬리 잎은 포슬포슬해질 만큼 물기를 짠 뒤 다진다. 바질 잎도 다진다.
2 레몬즙에 소금과 올리브유를 넣고 한쪽 방향으로 계속 저어 섞는다.
3 남은 재료를 넣어 한 번 더 섞는다. 입맛에 따라 후춧가루를 추가해도 좋다.

마요네즈 드레싱 + 허브 드레싱 **01**

02 간장 드레싱 + 레몬 드레싱

간장 드레싱

샐러드를 겉절이처럼 즐기고 싶을 때 활용하기 좋은 한식 드레싱입니다. 사탕수수는 재료에 따라 넣거나 빼도 되지요. 두부처럼 담백한 재료에는 빼고, 채소처럼 싱싱한 재료에는 넣는 게 더 맛나지요.

재료 | 레몬즙·고춧가루·깨소금·올리브유 1/2작은술씩, 국간장·다진 마늘 1/4작은술씩, 사탕수수 약간(기호에 따라)

1 레몬을 반 갈라 즙을 낸다.
2 레몬즙에 올리브유를 제외한 재료를 넣고 한쪽 방향으로 섞는다.
3 올리브유를 넣고 한 번 더 섞는다.

레몬 드레싱

레몬즙을 기본으로 다진 마늘과 다진 양파를 넣는 레몬 드레싱은 향이 강하지 않은 재료에 잘 어울립니다. 상큼한 맛을 내고 싶을 때 곁들이기 좋은 드레싱이지요.

재료 | 레몬즙 1큰술, 꿀 1작은술, 올리브유·소금·다진 양파 1/2작은술씩, 다진 마늘 1/4작은술

1 양파와 마늘을 잘게 다져 준비한다.
2 레몬즙에 꿀과 올리브유, 소금을 넣어 한쪽 방향으로 섞는다.
3 2에 다진 양파와 다진 마늘을 넣고 숟가락으로 젓는다.

아시안 드레싱

생강과 말린 고추를 넣어 매콤한 아시안 드레싱은 잎채소와 찰떡궁합인 드레싱입니다. 찐 양배추에 곁들여도 안성맞춤이지요. 드레싱에 말린 고추를 넣을 때는 씨까지 모두 넣어도 좋답니다.

프렌치 드레싱

올리브와 겨자가 들어가는 프렌치 드레싱은 빵이나 잎채소에 잘 어울리는 드레싱이지요. 올리브 열매가 들어가 따로 소금 간을 하지 않는 게 특징입니다. 블랙올리브는 취향에 따라 통으로 넣어도 좋습니다.

재료 | 블랙올리브 3개, 양파즙 2큰술, 레몬즙 1작은술, 사탕수수 3/4작은술, 올리브유 1/2작은술, 겨자가루 조금

1 양파는 강판에 갈아 즙을 내고, 레몬은 꼭 짜 즙을 낸다.
2 블랙올리브는 작게 슬라이스한다. 통으로 사용해도 된다.
3 올리브유와 겨자가루를 제외한 재료를 모두 한데 넣고 섞는다.
4 올리브유를 넣고 섞은 뒤, 마무리에 겨자가루를 넣고 한 번 더 섞는다.

재료 | 생강즙·레몬즙·사탕수수 1/2작은술씩, 국간장·아마씨유·다진 마늘 1/4작은술씩, 소금 약간, 민트 조금

1 말린 고추는 가위로 잘게 자른다. 남은 씨까지 사용해도 좋다.
2 생강을 믹서에 간 후 베 보자기에 싸서 즙을 낸다.
3 올리브유와 민트를 제외한 재료를 모두 한데 섞어 젓는다.
4 올리브유를 더해 섞은 뒤, 마지막에 민트를 띄운다.

아시안 드레싱 + 프렌치 드레싱 **03**

석류 드레싱

초여름 쑥쑥 올라오는 어린잎들과 잘 어울리는 드레싱입니다. 약간 쌉쌀하면서도 새콤한 석류 씨의 맛이 샐러드 맛을 풍부하게 만들어주지요. 잎채소 샐러드를 할 때는 드레싱을 마지막에 넣어야 채소 숨이 죽지 않고 싱싱하게 먹을 수 있어요.

재료 | 석류식초 3큰술, 발사믹 식초 1큰술, 꿀 1/2큰술

1 석류는 알맹이를 뺀 뒤 베 보자기에 싸서 즙만 받는다. 녹즙기에 내리면 신맛이 강해져 석류 본래 맛이 덜하다.
2 석류즙에 발사믹 식초와 꿀을 넣고 섞는다. 입맛에 따라 올리브유를 추가해도 좋다.

비트 드레싱

색감이 예쁜 비트 드레싱은 포인트 드레싱으로 좋습니다. 색감을 위해서는 생비트를 사용하는 게 좋은데, 장 건강이 좋지 않다면 비트를 살짝 삶아 사용하면 흡수가 잘 됩니다. 비트보다 사과의 양을 늘리는 게 포인트입니다.

재료 | 비트 1/6개(30g), 사과 1/4개(50g), 꿀·레몬즙 1+1/2큰술씩

1 비트는 껍질을 벗기고, 사과도 잘라 껍질을 벗긴다.
2 비트와 사과를 잘게 썰고 서로 어우러지게 섞는다. 이때 사과에서 물이 나오므로 살짝만 섞는다.
3 2에 꿀과 레몬즙을 넣고 섞는다.

04 석류 드레싱 + 비트 드레싱

바나나 두유 드레싱 + 오디 드레싱 **05**

오디 드레싱

6월부터 7월 사이에 수확하는 오디는 색도 곱고 맛도 좋은 열매이지요. 그냥 먹어도 맛나지만 잼으로 드레싱으로도 먹기 좋아요. 살짝 구운 통밀식빵에 오디 드레싱만 살짝 발라 먹어도 맛있어요.

재료 | 오디 1컵(90g), 꿀·레몬즙 1큰술씩, 소금 약간

1 오디는 꼭지를 떼고 곱게 간다.
2 1에 모든 재료를 넣고 다시 한 번 섞는다.

바나나 두유 드레싱

바나나와 대두는 함께 맛을 내면 부드러우면서도 고소한 맛이 일품이지요. 단단한 과일이나 채소에 잘 어울린답니다. 입맛 없을 때 적채나 엔다이브 같은 잎채소에 살짝 얹어 먹어도 맛있어요.

재료 | 바나나 1개(120g), 대두 25g, 미숫가루 3/4큰술, 호두 1알, 캐슈너트 5g, 잣 2g, 소금 약간

1 바나나를 껍질을 벗겨 냉동실에 얼렸다가 걸쭉해질 때까지 믹서한다.
2 잣은 통으로 넣고, 캐슈너트와 호두는 칼로 다진다.
3 대두를 압력솥이나 찜기에 10분 삶은 뒤 10분 뜸 들여 소금을 넣고 곱게 간다.
4 준비한 재료를 모두 한데 섞은 뒤, 미숫가루를 솔솔 뿌린다.

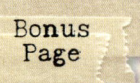

자연식 샐러드를 빛내주는 '비밀'

자연식은 자연의 맛을 그대로 식탁으로
옮겨온 요리를 뜻합니다. 제철재료에
가득한 생명의 기운이 그대로 식탁 위로 전해지는 요리이지요.
절대 양념이나 조미료로 재료의 맛을 흐트러뜨리지 않습니다.
자연식 샐러드 역시 재료 본연의 맛을 유지하지요. 자연 그대로를 담은
천연 양념이 그 답입니다.

새콤달콤 샐러드 맛의 기본, '청'과 '식초'

각종 과실로 만드는 청과 식초는 샐러드와 떼어놓을 수 없는 천연 양념이지요. 책에 쓰인 청과 식초를 소개합니다.

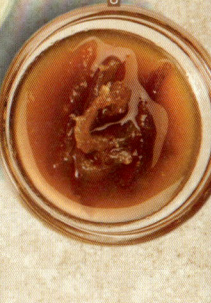

1 포도식초
당분이 많은 포도는 따로 식초를 넣지 않아도 자연발효가 가능하지요. 다른 과일식초에 비해 산도가 높아 그 양을 조절해 사용해야 합니다.
만드는 법 단단한 포도를 알알이 떼어 표면을 말린 뒤, 유리병에 담고 숙성시키면서 먹는다.

2 산딸기청
산딸기청은 고유의 맛과 향이 좋아 찬물에 타서 음료로 즐기기에도 좋습니다.
만드는 법 동량의 산딸기와 사탕수수를 켜켜이 넣고 1주일 후 살짝 끓인 뒤 체에 걸러 병에 담고 냉장보관한다.

3 솔잎청
봄철 어린 솔잎은 몸에 좋은 성분이 가득하지요. 솔잎청으로 만들어두면 솔잎차로, 자연 양념으로 두로 사용할 수 있습니다.
만드는 법 솔잎과 황설탕의 비율을 6:4 정도로 해 켜켜이 올리고, 마지막에 꿀을 넣고 사탕수수로 한 번 더 덮는다. 3개월 뒤 솔잎만 건진 후 숙성시킨다.

4 석류식초
색깔도 예뻐 샐러드와 단짝을 이루는 식초입니다. 발라 먹기 불편한 석류 씨앗까지 몽땅 사용할 수 있어 일석이조예요.
만드는 법 석류를 툭툭 까 속만 빼서 2~3개월 항아리에 두면 맑은 식초가 된다.

5 오디청
여름 음료 및 화채, 과일이나 채소와의 궁합이 좋아 다양한 샐러드드레싱으로 활용하기 좋지요.
만드는 법 오디와 사탕수수를 6:4 비율로 넣고, 마지막에 꿀을 넣고 사탕수수로 한 번 더 덮는다. 실온에 반나절 두었다가 냉장보관해 30일간 숙성시킨다.

6 매실청
매실청은 샐러드드레싱을 만들 때도 효자노릇을 합니다. 달콤하면서도 새콤한 맛으로 레몬과 꿀을 대신에 넣어도 좋지요.
만드는 법 매실과 사탕수수의 비율을 10:10으로 넣고, 꿀(2.4)을 넣는다. 마지막에 사탕수수 2kg을 더 부어 덮는다. 진액이 나오기 시작하면 물기 없는 주걱으로 규칙적으로 뒤집어주고 100일 후부터 먹는다.

7 감식초
색과 맛이 강하지 않아 어디에나 어울리지요. 단감보다는 홍시로 만드는 것이 더 맛나요.
만드는 법 감의 꼭지 쪽이 아래로 가도록 차곡차곡 담는다. 5개월간 숙성 후 걸러낸 뒤 5~7개월간 2차 숙성시킨다.

8 유자청
겨우내 차로 즐기던 유자청은 샐러드드레싱으로 사용하기에도 좋답니다.
만드는 법 유자를 얄팍하게 썰어 사탕수수와의 비율을 10:10으로 잡아 넣는다. 마지막에 꿀을 넣고 사탕수수로 한 번 더 덮는다.

한식 샐러드에 즐겨 사용되는 '자연식 천연 양념'

자연식 고추장과 자연식 된장, 자연식 간장은 한식 샐러드드레싱으로 제격입니다.
화학조미료나 착색료 없이 소금의 양을 줄인 점이 자연식 천연 양념의 특징이지요. 책에
사용된 자연식 천연 양념 만드는 방법을 소개합니다.

자연식 국간장

재료 | 조선간장 200ml, 생수 1리터, 무·양파 200g씩,
꼭지다시마 20g, 말린 대추·갈근(칡) 10g씩

1 압력솥에 조선간장을 제외한 모든 재료를 넣고 한 번 끓인다.
2 약한불에서 10분 정도 더 끓이다 추가 내려가면 불을 끈다.
3 건더기는 건지고 남은 국물에 조선간장을 넣고 팔팔 끓인다.
   유리병에 담아 식힌 후 냉장보관한다.

자연식 진간장

재료 | 자연식 국간장 250g, 생수·양배추·사탕수수 100g씩, 둥글레·엄나무·
갈근(칡)·생강·말린 대추 10g씩, 감초 5g, 계피 1g

1 압력솥에 자연식 국간장과 사탕수수를 제외한 모든 재료를 넣고 한 번 끓인다.
2 약한불에서 10분 정도 더 끓이다 추가 내려가면 불을 끈다.
3 건더기는 건지고 남은 국물에 자연식 자연식 국간장과
사탕수수를 넣어 팔팔 끓여 유리병에 담아 식힌 후 냉장보관한다.

자연식 조림 간장

재료 | 자연식 진간장 100g, 조청 80g, 자연식 국간장·매실청 20g씩, 사과·배
60g씩, 양파 50g, 대파 20g, 말린 고추 1개, 마늘·양송이버섯 10g씩, 생강 5g

1 사과, 배, 양파, 대파, 말린 고추, 마늘, 양송이버섯, 생강을 아주 곱게 다진다.
2 모든 재료를 넣고 센불에서 끓이다가 약한 불로 저어가면서 걸쭉해지도록 끓인다.
   한숨 식힌 뒤 소독한 유리병에 담아 보관한다.
3 요리에 따라 먹기 전에 아마씨유, 올리브유, 생들기름, 후춧가루 등을 넣어 먹는다.

천연 조미료

재료 | 냉장고에 남아 있는 채소

1 냉장고에 남은 채소를 모두 모아 잘게 썬다.
2 잘게 썬 채소를 한데 모아 채반 위에 고루 펴서 고추 말리듯 말린다.
3 채소에서 수분이 사라지면 분쇄기에 넣고 갈아 잘 섞어 유리병에 담아
   사용한다.

자연식 약고추장

재료 | 자연식 고추장 100g, 베지버거 250g, 물 5컵, 마늘·대파 35g씩, 통깨 1큰술, 포도씨유 약간

1 마늘과 대파를 아주 곱게 다진다.
2 달군 팬에 포도씨유를 둘러 다진 마늘과 대파, 자연식 고추장, 베지버거, 통깨를 넣고 볶는다.
3 한김 볶아지면 물을 넣어 한 번 더 졸인다.

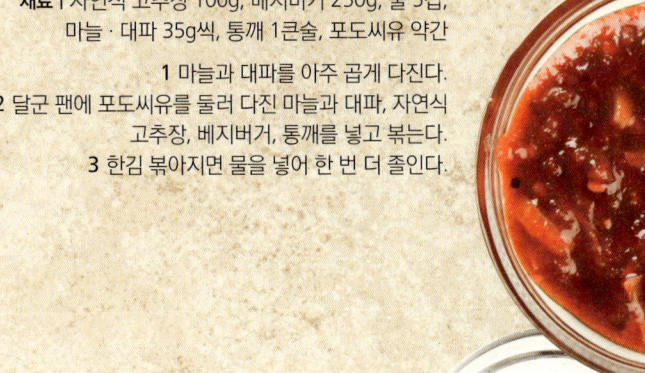

자연식 고추장

재료 | 고운 고춧가루 8큰술, 조청·물 6큰술씩, 현미찹쌀가루 4큰술, 소금 1작은술

1 현미찹쌀가루를 물과 고루 섞어 냄비에 넣고 끓여 찹쌀풀을 만든다.
2 찹쌀풀이 되직해지면 조청을 넣어 저어가며 끓인다.
3 한소끔 끓으면 고춧가루를 넣고 소금 간을 해 가볍게 섞는다.

자연식 된장

재료 | 불린 대두 1컵, 물 2컵, 다진 양파 8큰술, 자연식 국간장·조청·다진 마늘 2큰술씩, 다진 실파 약간

1 물에 6시간가량 불린 대두를 슬로쿠커에 2배의 물과 함께 넣고 100℃ 온도에서 하룻밤 조리한다.
2 1을 절구에 담아 부드럽게 으깨 죽처럼 만든 뒤 남은 재료를 모두 넣어 섞는다.
3 매콤하게 먹고 싶다면 고춧가루나 자연식 고추장을 더하고, 나물무침용으로 사용할 때는 캐슈너트를 추가한다.

채소국물

재료 | 물 12+1/2컵, 양파·무 200g씩, 말린 표고버섯 30g, 다시마 20g

1 냄비에 물과 다시마, 양파, 무, 말린 표고버섯을 넣고 끓인다.
2 팔팔 끓으면 체에 걸러 국물만 받아 한김 식힌다.
3 유리병에 담아 냉장보관해 3~4일간 먹는다.

물 12+1/2컵 + 양파 200g + 무 200g

말린 표고버섯 30g + 다시마 20g

DISH 1 브런치 샐러드

하루 중 샐러드가 가장 필요한 순간입니다. 가벼운 아침식사를 원할 때 샐러드만한 메뉴가 없지요. 〈자연생활의 집〉에서 선보이는 뷔페식 상차림에서 샐러드가 가장 빨리 동이 날 때도 역시 아침시간입니다. 가볍고 든든한, 필수 영양소를 두루 갖춘 샐러드를 소개합니다.

+ 매콤 잣 드레싱

채소 볶음 샐러드

냉장고 속 채소를 꺼내 간단한 브런치를 만들어 보았어요. 가지와 애호박, 파프리카는 궁합이 잘 맞는 재료이지요. 매콤하면서도 고소한 매콤 잣 드레싱과도 잘 어울린답니다. 직접 구운 또띠아까지 얹어주면 금상첨화겠지요.

1인분
348 Kcal

재료(2인분)
- 가지 1/2개(70g)
- 애호박 1/3개(100g)
- 파프리카 1/2개(100g)
- 토마토 1개(130g)
- 양파 1/2개(100g)
- 마늘 2쪽
- 올리브유 약간

또띠아
- 우리통밀가루 1/2컵
- 불린 현미가루 1/2컵
- 물 1/3컵

1. 또띠아부터 만든다. 분량의 재료로 반죽해 오븐에 굽는다. 만드는 법 220페이지

2. 토마토는 십자 모양을 내 끓는 물에 살짝 익혀 껍질을 벗긴다.

3. 가지와 양파, 애호박, 파프리카, 삶은 토마토는 각각 1×1cm 크기로 나박 썰고, 마늘은 편 썬다.

4. 달군 팬에 올리브유를 살짝 두른 뒤 ❸의 재료를 한데 볶아 드레싱과 버무린다.

매콤 잣 드레싱

잣가루의 고소함과 고추의 매콤함이 채소 볶음과 잘 어울린다. 분량의 재료를 한데 넣어 믹서에 곱게 간다.

올리브유 1큰술 + 굵은 고춧가루 1/2큰술 + 다진 마늘 2작은술

다진 양파 1작은술 + 잣가루 1작은술 + 후춧가루 약간 + 소금 약간

+ 흑임자 드레싱

감자 샐러드

아침나절 빈속을 채우기에 감자만큼 좋은 재료가 없지요. 으깬 감자와 채소에 매실청을 넣은 흑임자 드레싱을 곁들이면 자극 없이 편안한 메뉴가 되지요. 크랜베리의 새콤달콤한 맛도 좋아요.

1인분
195Kcal

재료(2인분)
- 감자 1개(200g)
- 치커리 2~3장(10g)
- 핑크볼 1/2줌(10g)
- 말린 크랜베리 약간

1. 감자는 필러를 이용해 껍질을 벗긴다.

2. 껍질 벗긴 감자는 묵칼로 0.5cm 두께로 자른다.

3. ❷의 감자를 김이 오른 찜기에 넣고 찐 뒤 으깬다.

4. 치커리는 먹기 좋은 크기로 잘라 핑크볼과 함께 접시에 올린다. 드레싱과 크랜베리를 뿌린다.

흑임자 드레싱

흑임자를 분쇄기로 곱게 갈아 올리브유를 제외한 재료와 섞는다. 마지막에 올리브유를 더해 나무젓가락으로 한쪽 방향으로 젓는다.

흑임자 15g + 올리브유 1큰술 + 매실청 1큰술
레몬즙 1큰술 + 국간장 1/2작은술

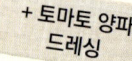 +토마토 양파 드레싱

구운 감자 샐러드

감자에 올리브유를 발라 오븐에 구우면 고소한 맛이 더해지지요. 구운 아스파라거스를 더하면 든든한 아침식사가 되어줍니다. 토마토와 호두, 파인애플로 영양도 챙겼습니다.

1인분
150Kcal

재료(2인분)

- 감자 1개(200g)
- 파인애플링 1개(100g)
- 주황 방울토마토 2개
- 아스파라거스 40g
- 호두 2알
- 올리브유 1작은술
- 소금 약간

1 감자는 묵칼로 슬라이스해 표면에 올리브유를 바른다.

2 감자에 소금을 살짝 뿌린 뒤 180℃의 오븐에서 15분간 굽는다.

3 아스파라거스는 필러로 껍질을 벗기고 올리브유를 발라 오븐의 남은 열기에서 굽는다.

4 파인애플은 삼각 모양으로 자르고, 방울토마토는 반 갈라 준비한 재료와 함께 올린다. 호두도 잘게 잘라 감자 위에 올린다.

토마토 양파 드레싱

토마토를 끓는 물에 삶아 껍질을 벗겨 믹서로 간다. 이후 다진 양파와 소금을 넣고 한 번 더 간다.

토마토 1개 + 다진 양파 2큰술 + 소금 약간

+ 들깨 드레싱

두부 라이스버거 샐러드

검은깨를 넣어 지은 밥으로 버거 샐러드를 만들었어요. 검은깨 밥을 빵처럼 깔고, 쇠고기맛 밀고기와 구운 두부를 패티처럼 넣었지요. 여기에 참나물 무침을 더해 건강한 버거 샐러드를 완성했답니다.

1인분
515Kcal

재료(2인분)
- 두부 1/2모 (150g)
- 쇠고기맛 밀고기 반죽(80g)
- 백미 100g
- 검은깨 10g
- 참나물 20g
- 양파 10g

쇠고기맛 밀고기(200g 기준)
- 글루텐가루 1컵(100g)
- 물 3/4컵(150ml)
- 비트 20g
- 양파 20g
- 검은콩 10g
- 표고버섯 10g
- 느타리버섯 10g
- 백만송이버섯 10g
- 팽이버섯 5g
- 잣 10g
- 호두 10g

1
백미에 검은깨를 넣고 밥을 짓는다.

2
❶의 밥을 도마에 덜어 5mm 두께로 동글납작하게 모양을 잡는다.

3
쇠고기맛 밀고기 반죽 만드는 법 217페이지 을 밥과 같은 크기로 동그랗게 모양을 낸 뒤 팬에서 앞뒤로 굽는다.

4
두부도 5mm 두께로 잘라 달군 팬에 노릇하게 굽는다. 양파는 원형으로 슬라이스하고 참나물은 잎만 뗀다.

5
맨 아래에 검은깨 밥을 놓고, 그 위에 두부, 양파, 구운 쇠고기맛 밀고기, 참나물을 올린 뒤 먹기 직전에 드레싱을 뿌려 비벼 먹는다.

들깨 드레싱

들깨를 깨끗이 씻어 볶은 뒤, 믹서에 간다. 곱게 갈리면 나머지 재료와 잘 섞는다.

들깨 2큰술 + 꿀 2큰술 + 레몬즙 2큰술 + 물 2큰술

가루간장 2작은술 or 진간장 2작은술 + 다진 마늘 1작은술 + 올리브유 1작은술

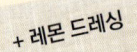

+ 레몬 드레싱

모둠 채소 샐러드

먹다 남은 채소가 있다면 간단히 구워 샐러드로 즐겨 보세요.
바쁜 아침에 먹기 좋은 메뉴이지요. 채소는 굽거나 익혀
먹으면 소화율이 높아져 위에 부담도 없답니다.

1인분
105Kcal

재료(2인분)
- 주황 파프리카 1/3개(약 70g)
- 가지 1/3개(50g)
- 방울토마토 6개
- 완두콩 40g
- 비타민 30g
- 호두 1알
- 파슬리 약간
- 후춧가루 약간
- 소금 약간

1 완두콩은 끓는 물에 넣어 살짝 익힌다.

2 방울토마토는 십자 모양을 내어 끓는 물에 데친 뒤 껍질을 벗긴다.

3 가지는 어슷 썰고 파프리카는 스틱 모양으로 잘라 후춧가루와 소금을 살짝 뿌려 그릴 팬에 굽는다.

4 비타민은 먹기 좋은 크기로 썰고, 호두는 4등분한다. 준비한 재료를 파슬리와 함께 그릇에 둘러 담고 드레싱을 끼얹는다.

레몬 드레싱

톡 쏘는 맛이 인상적인 드레싱. 레몬즙에 올리브유, 꿀을 더한 뒤, 다진 마늘을 넣고 한쪽 방향으로 젓는다.

레몬즙 2큰술 + 꿀 1/2큰술 + 다진 양파 1작은술

올리브유 1작은술 + 소금 1작은술 + 다진 마늘 1/2작은술

+ 프렌치 드레싱

공갈빵 샐러드

샐러드 재료 3총사인 토마토, 아보카도, 블랙올리브에 고소한 맛의 검은콩을 더했어요. 시원 상큼한 프렌치 드레싱에 버무려 내면 그 맛이 일품이지요. 사탕수수와 시나몬가루를 뿌린 공갈빵과 함께 먹으면 더욱 맛있답니다.

1인분 324Kcal

재료(2인분)
- 토마토 1/2개(약 70g)
- 아보카도 1개(60g)
- 검은콩 30g
- 블랙올리브 4개
- 말린 고추 1개
- 파슬리 약간

공갈빵
- 우리통밀가루 1컵
- 물 1/2컵
- 사탕수수 4작은술
- 시나몬가루 조금

1 공갈빵을 반죽해 밀대로 펴서 사탕수수와 시나몬가루를 섞어 반죽 위에 뿌린다. 만드는 법 219페이지

2 반죽을 반달 모양으로 접어 180℃ 오븐에서 10분간 굽는다.

3 검은콩은 삶는다. 압력솥에 삶을 때는 추가 움직이면 불을 끄고 뜸을 들인다.

4 아보카도는 씨를 도려낸 뒤 토마토와 함께 각각 깍둑 썬다.

5 블랙올리브는 슬라이스하고 고명으로 쓰일 파슬리는 잎만 뗀다. 말린 고추는 씨를 빼고 잘게 자른 뒤, 모든 재료를 더해 드레싱과 버무린다.

프렌치 드레싱

양파즙과 레몬즙이 어울려 상큼하면서도 시원한 맛을 낸다. 블랙올리브는 슬라이스해서 넣고, 겨자가루는 마지막에 섞는다.

 블랙올리브 3개
+
 양파즙 2큰술
+
 사탕수수 3/4작은술

 레몬즙 1작은술
+
 올리브유 1/2작은술
+
 겨자가루 조금

+ 오렌지청 드레싱

오렌지 브런치 샐러드

꿀에 절인 오렌지청 드레싱의 맛과 향이 기분 좋은 아침을 열어줍니다. 통밀식빵에 발라 먹어도 좋고, 딸기, 포도 등의 과일에 버무려 먹어도 맛이 나지요. 입맛 잃은 날, 간편하게 먹기 좋은 샐러드예요.

1인분 383Kcal

재료(2인분)
- 딸기 10개
- 포도 20알
- 통밀식빵 2장

1
딸기와 포도는 반 가른다.

2
드레싱을 만든다. 오렌지를 링 모양으로 썰고 분량의 재료를 더해 오렌지청을 만든다.

3
통밀식빵은 삼각 모양으로 자른 후 180℃의 오븐에 5분 정도 굽는다.

4
반 가른 딸기와 포도는 드레싱과 버무리고 구운 빵과 함께 낸다.

오렌지청 드레싱

오렌지 2개는 즙을 내어 꿀을 넣고 15분 졸인다. 졸인 오렌지 과즙에 감식초와 소금을 넣는다. 남은 오렌지는 링 모양으로 썰어 끓인 과즙에 넣어 절인다.

오렌지 3개 + 꿀 4큰술

감식초 1/2작은술 + 소금 약간

+ 두유 드레싱

그레놀라 샐러드

아침에 한 그릇 뚝딱 먹기 좋은 샐러드입니다. 삶은 대두와 고구마로 만든 두유 드레싱이 영양은 물론 맛도 좋습니다. 다양한 쌀을 미리 팝콘처럼 볶아두면 언제고 쉽게 한 그릇 샐러드를 맛볼 수 있지요.

1인분
334Kcal

재료(2인분)

- 현미 튀밥 2장
- 자색 고구마 튀밥 2장
- 고대미 20g
- 현미 20g
- 흑미 20g
- 블루베리 15g
- 말린 크랜베리 15g

1 현미와 자색 고구마로 튀밥을 해 온다.

2 달궈진 팬에 마른 고대미를 넣고 중간불에서 팝콘처럼 쌀알이 터질 때까지 볶는다.

3 현미와 흑미도 각각 팝콘처럼 볶는다. 모두 볼에 넣고 튀밥을 먹기 좋게 잘라 넣는다. 드레싱을 붓고 그 위에 블루베리와 말린 크랜베리를 올린다.

두유 드레싱

삶은 대두와 고구마에 현미가루를 더한 드레싱. 영양가도 높아 아침용 드레싱으로 제격이다. 우유처럼 묽게 만드는 게 포인트.

삶은 고구마 1/4개(50g) + 삶은 대두 1줌(40g) + 물 1+1/2컵

현미가루 (또는 현미밥) 2큰술 + 꿀 1큰술 + 소금 약간

+ 블루베리 드레싱

로메인 샐러드

로메인과 견과류에 상큼한 블루베리 드레싱을 곁들인 샐러드예요. 블루베리에 레몬즙만 더해도 맛있는 드레싱이 완성되지요. 호두와 아몬드 대신 캐슈너트와 땅콩으로 대체해도 좋습니다.

1인분
77Kcal

재료 (2인분)
- 로메인 2~3장(40g)
- 딸기 4개
- 아몬드 7~8개
- 호두 1알

1

아몬드는 기름 없는 팬에서 노릇하게 볶는다.

2

로메인은 먹기 좋게 4cm 크기로 자른다.

3

딸기는 반 갈라 2등분한다.

4

호두는 껍질을 깨어 4등분하고, 준비한 분량의 재료와 드레싱을 곁들인다.

블루베리 드레싱

상큼한 과일 샐러드에 잘 어울리는 드레싱으로 믹서에 블루베리와 레몬즙을 넣어 곱게 간다.

블루베리 50g

+

레몬즙 1/2큰술

+ 비트 드레싱

리코타 시저 샐러드

치즈만 바꿔도 색다른 시저 샐러드가 만들어집니다. 산양유로 집에서 만든 리코타 치즈를 더해 칼로리를 낮추고 컬러풀한 비트 드레싱으로 색감을 더했습니다.

1인분
185Kcal

재료(2인분)
- 리코타 치즈 20g
- 달걀 2개
- 로메인 3~4장(50g)
- 통밀식빵 1/2장

리코타 치즈(200g 기준)
- 산양유 500ml
- 레몬즙 1/4개 분량
- 포도식초 1큰술
- 소금 1/2작은술

1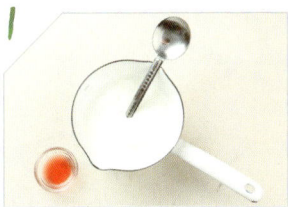
리코타 치즈부터 만든다. 냄비에 산양유를 붓고 중간불에서 거품이 모일 때까지 끓이다가 불을 끄고 레몬즙과 포도식초를 넣어 약불에서 1시간 끓인다. 이후 베 보자기에 걸러 손으로 꼭 짜 물기를 없앤 뒤 냉장보관한다.

2
통밀식빵을 작은 사각 모양으로 잘라 180℃ 오븐에서 5분 구워 크루통을 완성한다.

3
달걀은 끓는 물에서 12분간 완숙으로 삶아 길이로 4등분한다.

4
로메인은 낱장으로 뜯어 한입 크기로 자른다.

5
로메인과 삶은 달걀, 리코타 치즈, 크루통을 담고 드레싱을 얹어 완성한다.

비트 드레싱

비트와 사과를 잘게 잘라 꿀과 레몬즙을 더해 섞는 드레싱. 사과에서 물이 나오므로 먹기 직전에 섞는 게 좋다.

 사과 1/4개(50g)

\+

 비트 1/8조각(30g)

 꿀 1+1/2큰술

\+

 레몬즙 1+1/2큰술

+ 조림 간장 드레싱

햄버거 스테이크 샐러드

냉동실에 얼려둔 밀고기 반죽만 있다면 언제든 맛있는 스테이크 샐러드가 가능합니다. 밀고기 반죽에 떡갈비를 만들 듯 각종 채소를 잘게 다져 넣고 한 번 더 반죽하는 게 포인트지요. 참나물과 오렌지를 곁들이면 건강에도 좋답니다.

1인분
347Kcal

재료(2인분)
- 쇠고기맛 밀고기 반죽 80g
- 참나물 1줌(15g)
- 오렌지 1/2개
- 달걀 1개
- 잣가루 약간

쇠고기맛 밀고기(200g 기준)
- 글루텐가루 1컵(100g)
- 물 3/4컵(150ml)
- 비트 20g
- 양파 20g
- 검은콩 10g
- 표고버섯 10g
- 느타리버섯 10g
- 백만송이버섯 10g
- 팽이버섯 5g
- 잣 10g
- 호두 10g
- 다진 양파 2작은술
- 다진 파 2작은술
- 다진 마늘 2작은술

1
쇠고기맛 밀고기 만드는 법 217페이지를 준비한다. 양파와 대파, 마늘, 후춧가루를 반죽과 섞어 망치로 두드린다.

2
달군 팬에 ❶의 햄버거 스테이크 반죽을 넣어 앞뒤 노릇하게 굽는다. 달걀은 삶아 적당히 자른다.

3
분량의 재료를 더해 스테이크용 드레싱인 조림 간장을 만든다.

4
노릇하게 구워지면 소스를 앞뒤로 발라가며 한 번 더 굽는다.

5
오렌지는 과육만 바르고, 참나물은 잎만 뜯어 준비한 햄버거 스테이크 옆에 삶은 달걀과 함께 낸다. 잣가루를 솔솔 뿌려 마무리.

조림 간장 드레싱

재료를 곱게 다지고, 모두 함께 냄비에 넣어 걸쭉할 때까지 끓인다. 한소끔 끓으면 약한불에서 저어가며 끓인다. 샐러드 재료에 따라 아마씨유, 올리브유, 생들기름, 깨소금, 후춧가루 등을 더해도 좋다.

말린 대추 3~4개 + 말린 고추 1개 + 사과 1/4개(약 60g) + 배 1/6개(약 60g)

양파 1/4개(50g) + 새송이버섯 1/4개(약 10g) + 생강 5g + 국간장 4큰술

조청 3큰술 + 다진 파 1큰술 + 매실청 4작은술 + 다진 마늘 2작은술

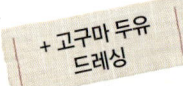
+ 고구마 두유 드레싱

고구마 모닝빵 샐러드

아침에 빵을 먹는다면 통밀빵을 권합니다. 식이섬유가 풍부해 몸을 가볍게 해주지요. 잼 대신 찐 고구마에 시나몬가루, 조청으로 맛을 낸 고구마 앙꼬를 발라 먹으면 그 맛도 색다르답니다.

1인분
326Kcal

재료(2인분)
- 고구마 1/2개(100g)
- 통밀모닝빵 2개
- 참나물 2줌(30g)
- 수수 튀밥 1개(취향에 따라)
- 조청 2큰술
- 시나몬가루 약간

1 김이 오른 찜기에 고구마를 찐다. 고구마를 반 갈라 찌면 시간을 절약할 수 있다.

2 찐 고구마는 껍질을 벗겨 으깬 뒤 조청과 시나몬가루를 넣어 고구마 앙꼬를 만든다.

3 통밀모닝빵을 반 갈라 그 속에 고구마 앙꼬를 바른다.

4 참나물은 잎만 뜯어 ❸의 통밀모닝빵과 낸다. 취향에 따라 수수 튀밥도 먹기 좋은 크기로 잘라 함께 낸다.

고구마 두유 드레싱

대두의 양은 줄이고 고구마의 양을 늘여 되직하게 만든 드레싱. 고구마와 대두, 현미를 압력솥에 15분 정도 삶은 뒤 물을 넣고 믹서한다. 이후 꿀과 소금, 물을 넣고 한 번 더 간다.

고구마 1/2개(100g) + 물 3큰술 + 불린 대두 1큰술
꿀 1큰술 + 현미가루(또는 현미밥) 1큰술 + 소금 약간

+ 토마토 드레싱

사라다나 샐러드

싱싱한 재료만 있다면 별다른 노하우 없이도 맛이 나는 게 샐러드이지요. 양상추의 일종인 사라다나는 아삭하면서도 배추 모양이 나는 채소입니다. 그저 토마토만 데쳐 드레싱을 내도 아주 맛있답니다.

1인분
167Kcal

재료(2인분)
- 사라다나 1포기(80g)
- 빨강 방울토마토 5개
- 주황 방울토마토 4개
- 호두 2알

1 사라다나는 큰 잎은 먹기 좋게 찢고, 작은 잎은 그대로 사용한다.

2 빨강과 주황 방울토마토는 각각 반 자른다.

3 드레싱용 토마토를 끓는 물에 데쳐 토마토 드레싱을 만든다. 화려한 색감을 원한다면 생토마토를 사용한다.

4 준비한 재료에 드레싱을 버무린다. 먹기 직전에 호두를 손으로 잘라 뿌린다.

토마토 드레싱

토마토를 끓는 물에 데쳐 껍질을 벗긴 뒤 믹서에 다른 재료와 함께 넣고 간다. 이때 씹히는 맛이 있게끔 가는 것이 포인트.

토마토 3개(약 340g) + 마늘 1톨 + 레몬즙 2큰술
꿀 1큰술 + 올리브유 1큰술 + 가루간장 1작은술 or 진간장 1작은술

+ 한라봉 드레싱

와플 샐러드

집에서 간단하게 와플을 즐겨 보세요. 우리통밀가루와 오트밀가루로 반죽해 건강에도 좋답니다. 딸기와 바나나, 크랜베리가 한라봉 드레싱과 잘 어울리지요. 아이들 간식으로도 더없이 좋아요.

1인분
574Kcal

재료 (2인분)
- 우리통밀가루 1컵
- 오트밀가루 1컵
- 물 1컵
- 리코타 치즈 50g
- 딸기 4개
- 바나나 1/2개
- 말린 크랜베리 약간
- 다진 아몬드 약간

리코타 치즈 (200g 기준)
- 산양유 500ml
- 레몬즙 1/4개 분량
- 포도식초 1큰술
- 소금 1/2작은술

1
우리통밀가루와 오트밀가루, 물을 같은 비율로 넣고 반죽을 한다.

2
반죽한 와플을 와플팬에 넣어 굽는다.

3
딸기는 4등분이나 슬라이스하고, 바나나도 먹기 좋게 슬라이스한다. 아몬드는 굵게 다진다.

4
구운 와플에 리코타 치즈를 바르고 준비한 딸기와 바나나, 말린 크랜베리, 다진 아몬드를 세팅하고 드레싱을 뿌린다.

한라봉 드레싱

동량의 한라봉과 사과를 잘게 썰어 조청 4큰술을 더해 졸인다. 10분간 졸이면 사과에서 수분이 나와 시럽 형태가 된다.

 +  +

한라봉 1/4개   사과 1/4개(50g)   조청 4큰술

+ 오렌지 드레싱

바나나 새싹 샐러드

식이섬유가 많은 바나나는 아침에 먹기 좋은 과일이지요. 한입 크기로 자른 바나나에 새싹채소와 치커리, 오렌지 드레싱을 곁들이면 든든한 샐러드가 됩니다.

1인분
153Kcal

재료(2인분)
- 바나나 1개
- 치커리 6~7장(20g)
- 새싹채소 2줌(40g)
- 캐슈너트 25g

1

바나나는 한입 크기로 뚝뚝 썬다.

2

새싹채소는 흐르는 물에 헹궈 물기를 뺀다.

3

치커리는 칼을 이용하는 대신 손으로 먹기 좋은 크기로 자른다.

4

캐슈너트는 칼로 잘게 다져 준비한 재료와 함께 섞어 드레싱과 곁들인다.

오렌지 드레싱

 오렌지 1/4개(50g) +  레몬즙 2큰술 +  꿀 1/2큰술

오렌지의 상큼함이 그대로 전해지는 드레싱. 오렌지는 과육을 내어 살짝 씹힐 정도로 잘게 썰어 레몬즙과 꿀을 한데 넣고 섞는다.

DISH 2 반찬 샐러드

가벼운 상차림을 원할 때 샐러드를 반찬으로 올려보세요. 간단한 생나물 무침부터 해초류를 이용한 샐러드까지 몸도 마음도 상쾌하게 바꿔줄 메뉴가 많답니다. 자연식 고추장과 자연식 된장으로 맛낸 드레싱이 입맛을 살려주지요.

+ 고추장 드레싱

부추잡채 샐러드

밥과 함께 먹기 좋은 샐러드예요. 자연식 고추장으로 만든 드레싱에 잡채 재료를 넣어 버무렸어요. 떡과 당면은 미리 물에 담갔다 넣어야 부드럽게 즐길 수 있답니다. 부추와 양배추, 대파, 양파는 생으로 넣어 즐기세요.

1인분 278Kcal

재료(2인분)

- 부추 1줌(50g)
- 양배추 120g
- 양파 1/2개(100g)
- 현미 떡볶이 떡 6개(90g)
- 당근 1/4개(50g)
- 새송이버섯 1개(45g)
- 대파 흰대 40g
- 당면 40g
- 말린 고추 1개
- 마늘 3쪽
- 포도씨유 약간

1

당면과 현미 떡볶이 떡은 물에 담가 불린다.

2

양배추는 1.5cm 폭으로 채 썰고, 당근과 새송이버섯은 반 갈라 어슷 썬다. 양파는 반 갈라 채 썰고, 부추는 양파 길이에 맞춰 자르고, 대파와 말린 고추는 어슷 썬다. 마늘은 저민다.

3

포도씨유를 두른 팬에 저며 썬 마늘과 말린 고추를 넣고 볶아 향을 낸다.

4

❸에 당근을 넣어 볶다가 당근, 새송이버섯, 현미 떡볶이 떡, 당면 순으로 넣고 볶는다. 얼추 익으면 부추, 양배추, 대파, 양파를 올리고 드레싱을 부어 한 번 더 볶아 낸다.

고추장 드레싱

반찬용 샐러드에 잘 어울리는 고추장 드레싱은 고추장에 채소국물, 사탕수수를 섞어 만든다. 채소국물은 미리 만들어두면 요모조모 쓸모가 많다.

 +  +

채소국물 2큰술   고추장 1+1/2큰술   사탕수수 2작은술

\+
금귤
드레싱

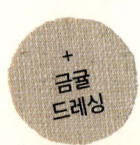

나물 샐러드

우리 입맛을 돋아주는 나물로 샐러드를 만들어 보세요.
이 한 그릇에 천연 비타민이 가득 들어 있답니다. 금귤로
만든 상큼한 드레싱이 달래의 쓴 뒷맛을 잊게하네요.

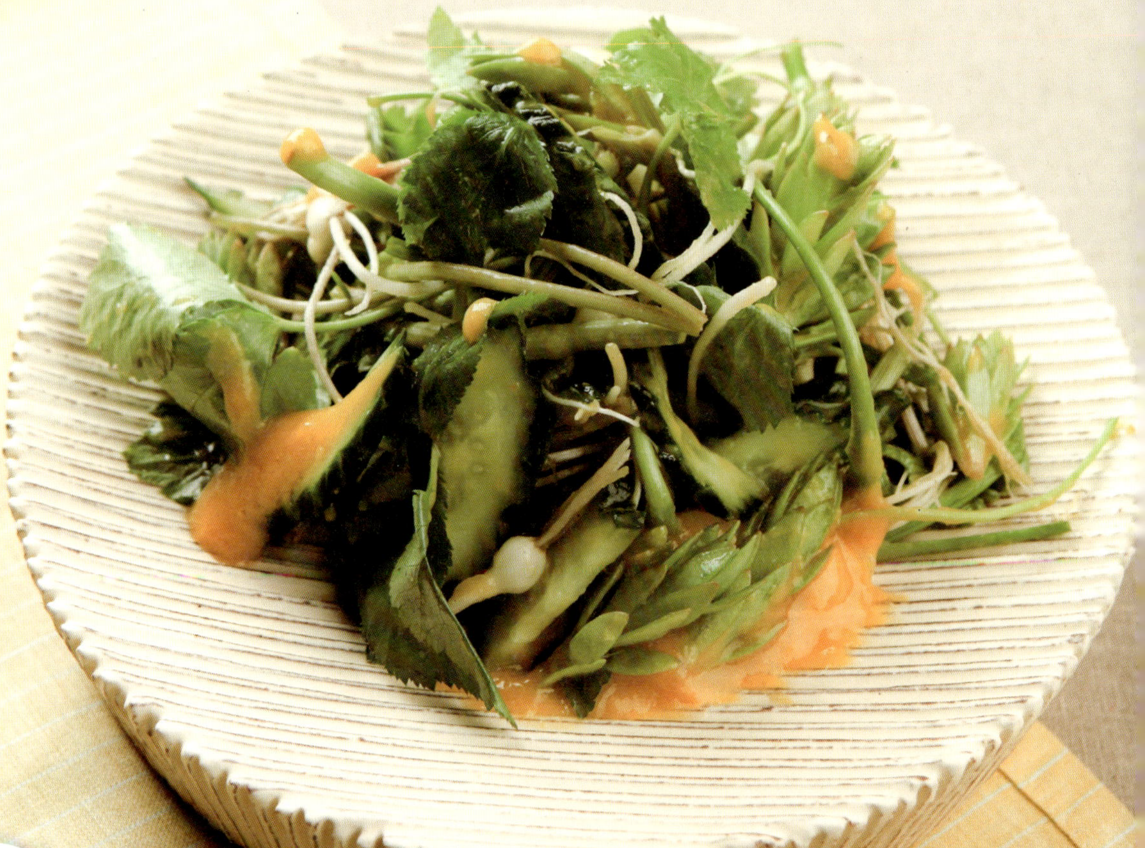

1인분
122Kcal

재료(2인분)
- 돈나물 1줌(50g)
- 참나물 1줌(15g)
- 달래 1/2줌(25g)
- 오이 1/4개(50g)

1

달래는 뿌리를 깨끗이 다듬고 먹기 좋은 크기로 썬다. 돈나물도 적당하게 썬다.

2

참나물은 손으로 잎만 뗀다. 오이는 반 갈라 슬라이스한다.

3

금귤의 쓴맛이 싫다면 반 갈라 씨을 빼고 드레싱을 만든다.

4

준비한 재료를 한데 넣고 드레싱과 버무린다.

금귤 드레싱

금귤은 그냥 먹어도 맛나지만 드레싱에 넣으면 그 향이 더욱 깊다. 금귤을 믹서에 갈아 베 보자기로 즙을 내 포도식초와 섞는다.

금귤 280g

+

포도식초 1큰술

\+
칠리
드레싱

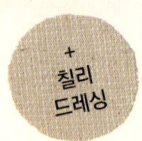

표고버섯 깐풍기 샐러드

특별한 상차림이 필요한 날 반찬으로 내놓기 좋은 샐러드예요. 말린 표고버섯을 고기처럼 활용해 깐풍기를 만들었지요. 쫄깃한 식감과 입에 달라붙는 칠리 드레싱으로 온가족이 좋아할 만한 메뉴예요.

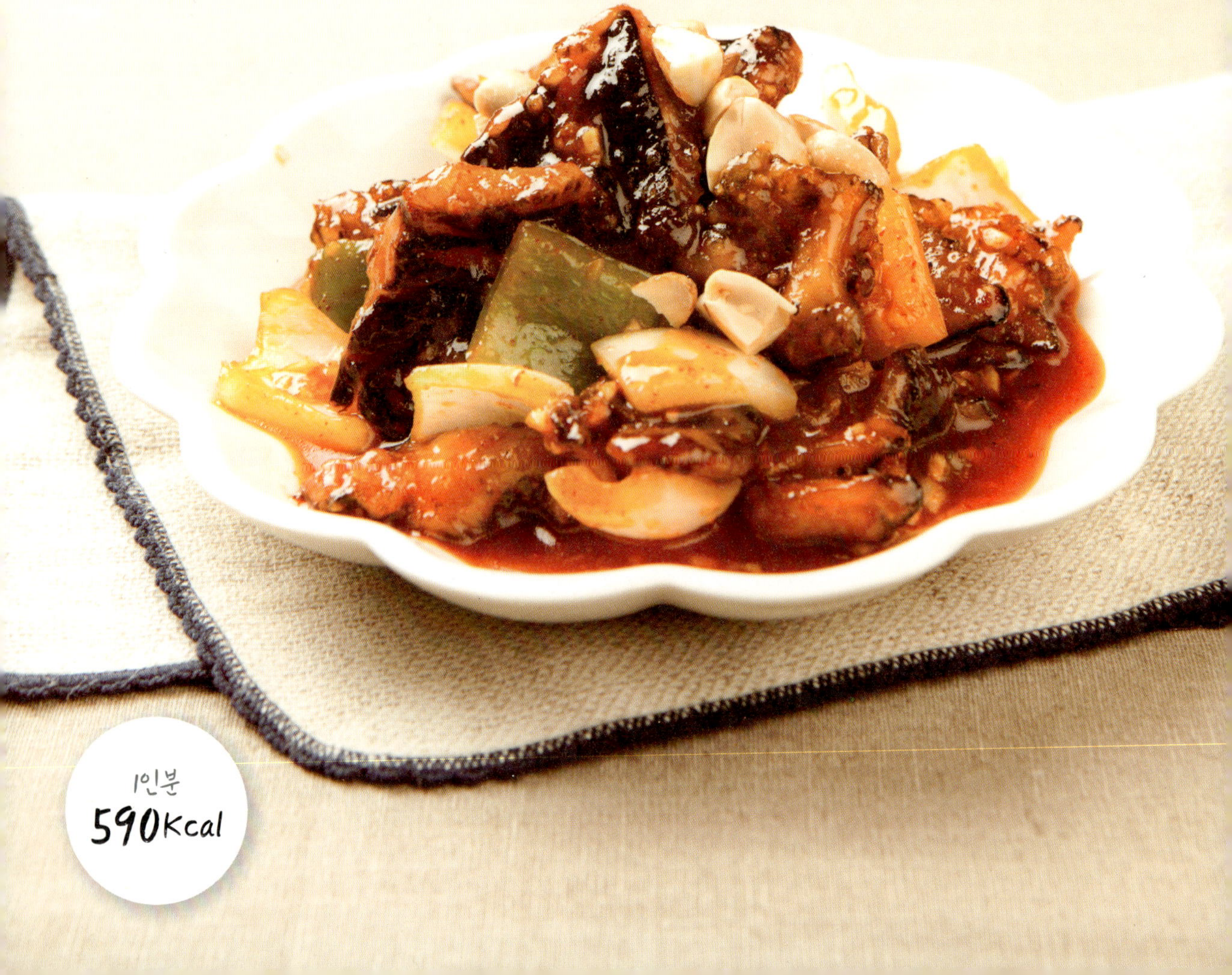

1인분
590Kcal

재료(2인분)

- 말린 표고버섯 40g
- 양파 20g
- 볶은 땅콩 20g
- 아몬드 20g
- 노랑 파프리카 15g
- 피망 15g
- 전분가루 4큰술
- 다진 마늘 1과 1/2작은술
- 국간장 1/3작은술
- 후춧가루 약간
- 포도씨유 적당량

1 말린 표고버섯은 물에 담가 불린 뒤 물기가 살짝 남아 있을 정도로 짜서 먹기 좋은 크기로 어슷썬다.

2 전분가루 옷을 입힌 뒤, 국간장, 다진 마늘, 후춧가루를 더해 섞어 냉동실에서 10분간 숙성시킨다.

3 피망과 양파, 노랑 파프리카는 2×2cm 크기로 나박하게 썬다.

4 땅콩, 아몬드는 굵게 다진다.

5 팬에 포도씨유를 넣고 ❷의 표고버섯을 지진다는 느낌으로 노릇하게 튀긴다.

6 양파, 파프리카를 넣고 후루룩 볶다가 드레싱을 넣고 한 번 더 섞어 다진 견과류를 올린다.

칠리 드레싱

볼에 올리브유를 제외한 모든 재료를 넣고 섞은 뒤 마지막에 올리브유를 넣고 어우러지도록 한 번 더 섞는다.

 +  +  +  +

꿀 3+1/2큰술 + 올리브유 3+1/2큰술 + 다진 양파 3큰술 + 파인애플 즙 2+1/2큰술

 +  +  +  +

다진 마늘 4작은술 + 레몬즙 4작은술 + 고운 고춧가루 4작은술 + 소금 약간 + 후춧가루 약간

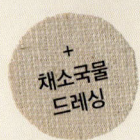
+ 채소국물 드레싱

튀긴 두부 샐러드

간혹 튀김 요리가 당길 때가 있지요. 그럴 때 열량이 적은 두부를 튀겨 담백한 드레싱과 함께 드세요. 채소국물과 레몬이 입안을 개운하게 만들어줍니다. 맛도 있고 칼로리 부담도 적은 레시피예요.

1인분
147Kcal

재료(2인분)
- 두부 1/2모(150g)
- 전분 2큰술
- 무순 1/2줌(10g)
- 쪽파 10g
- 튀김용 기름 적당량

1. 두부는 먹기 좋은 크기로 깍둑 모양으로 썰어 전분가루를 앞뒤에 묻힌다.

2. 튀김용 팬에 포도씨유를 충분히 두르고 전분가루를 묻힌 두부를 튀긴다.

3. 튀긴 두부는 키친타월 위에 올려 기름기를 뺀다.

4. 쪽파는 송송 썰고, 무순도 물기를 털어 준비한다. 접시에 튀긴 두부를 올리고, 송송 썬 쪽파와 무순을 곁들인다.

채소국물 드레싱

냉장고 속 남은 채소를 푹 끓여 놓으면 좋은 드레싱 베이스가 된다. 채소국물에 진간장을 섞고 레몬만 띄워도 상큼한 드레싱 완성.

레몬즙 1/4개 분량 + 진간장 2큰술 + 채소국물 2큰술

+ 레몬 드레싱

오이 믹스 샐러드

오이와 아보카도는 의외로 잘 어울리는 식재료랍니다. 오이의 아삭함이 아보카도의 부드러운 식감과 잘 맞지요. 상큼한 레몬 드레싱을 더하면 색다른 오이 샐러드를 즐길 수 있습니다.

1인분
139Kcal

재료(2인분)
- 오이 1/4개(50g)
- 흰색 작두콩 40g
- 방울토마토 8개
- 아보카도 30g

1

솥에 물 3/4컵을 붓고 흰색 작두콩을 30분간 삶는다.

2

방울토마토는 반 자르고, 아보카도는 씨를 피해 3등분 한 뒤, 깍둑 모양으로 썬다.

3

오이는 씨를 제거한 뒤 아보카도와 같은 크기로 깍둑 썬다.

4

드레싱을 만들어 분량의 재료를 드레싱과 버무려 낸다.

레몬 드레싱

다진 양파와 다진 마늘이 들어가 새콤하면서도 시원한 드레싱. 재료를 모두 섞은 뒤 올리브유를 넣고 한 번 더 섞는다.

레몬즙 2큰술 + 꿀 1/2큰술 + 다진 양파 1작은술

소금 1작은술 + 올리브유 1작은술 + 다진 마늘 1/2작은술

+
토마토
베지버거
소스

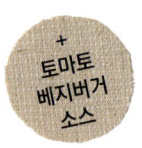

가지찜 샐러드

색다른 가지찜 샐러드를 만들어 보았어요. 찐 가지의 속에 칼집을 내고 토마토와 베지버거, 각종 채소로 만든 소스를 넣어 만들었지요. 향이 강한 이탈리안 파슬리를 곁들이면 색다른 샐러드가 완성됩니다.

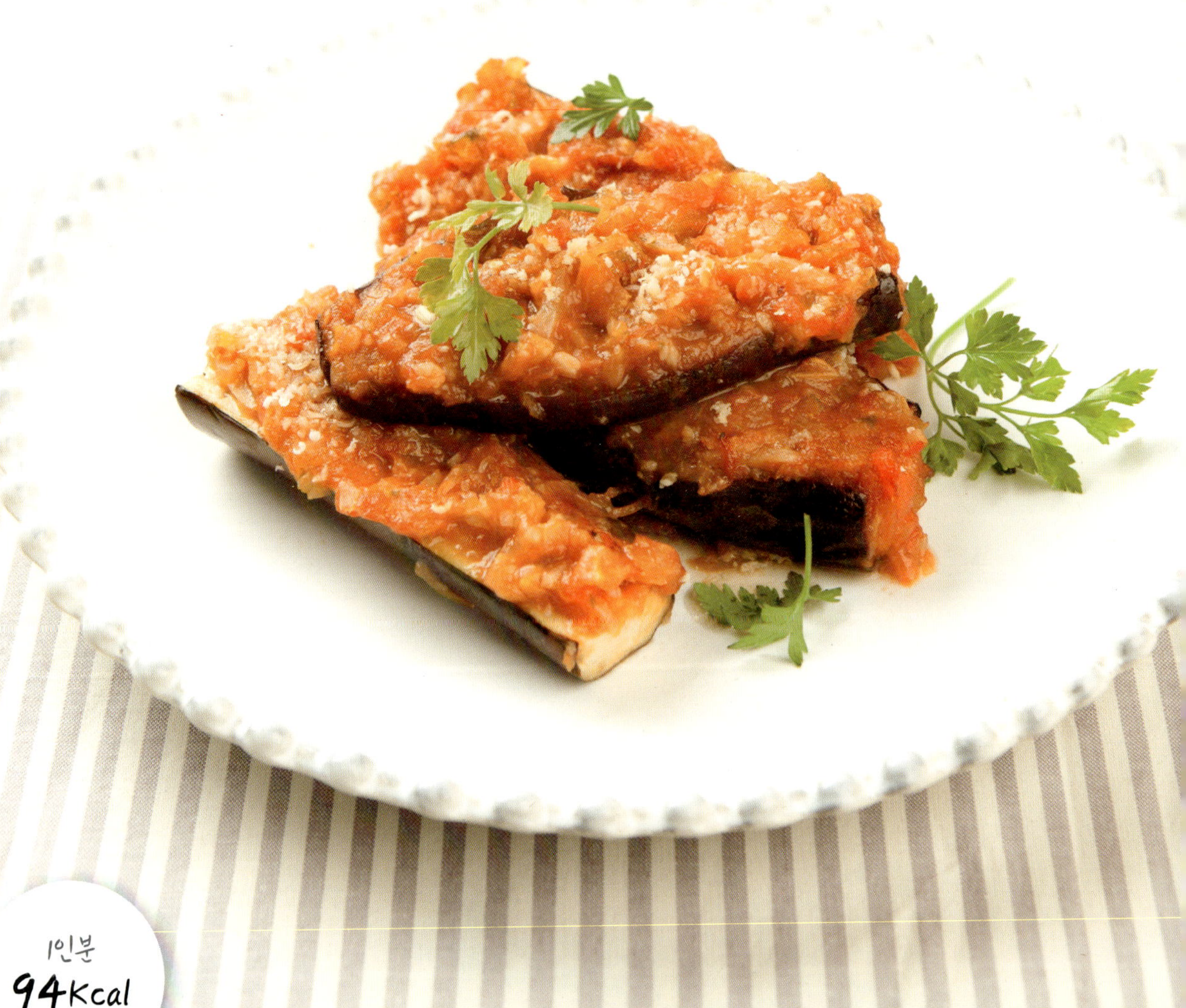

1인분
94Kcal

재료(2인분)

- 가지 2개(280g)
- 이탈리안 파슬리 약간
- 캐슈너트 약간

1 가지는 십자로 4등분한 뒤 찜기에 넣고 찐다.

2 드레싱을 만든다. 토마토, 새송이버섯, 양파, 마늘을 모두 다진 뒤, 베지버거와 함께 넣고 볶는다. 가루간장(또는 진간장), 올리브유를 더한다.

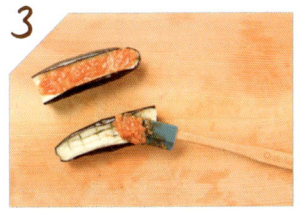

3 찐 가지에 칼집을 얼기설기 넣어 토마토 드레싱을 듬뿍 얹는다.

4 ❸위에 캐슈너트를 가루 내거나 잘게 다져 뿌린다.

5 180℃로 예열한 오븐에 넣어 10분간 노릇하게 굽는다.

토마토 베지버거 소스

재료를 모두 다져 볶다가 마지막에 가루간장(또는 진간장)과 올리브유를 더해 한 번 끓인다.

토마토 2~3개(약 360g) + 마늘 2쪽 + 새송이버섯 40g + 양파 1/5개(40g)

베지버거 10g + 가루간장 1/2작은술 or 진간장 1/2작은술 + 올리브유 약간

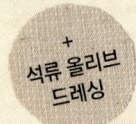
+ 석류 올리브 드레싱

브로콜리 샐러드

브로콜리는 몸에 좋지만 다양하게 즐기기가 쉽지 않지요. 아이들이 좋아하는 소시지에 완두콩을 더해 반찬용 샐러드를 만들어 보았어요. 새콤한 석류 올리브 드레싱을 더해 무겁지 않게 즐길 수 있어요.

1인분
248kcal

재료(2인분)
- 브로콜리 1/2개(100g)
- 적양파 1/2개(60g)
- 콩소시지 1개
- 완두콩 40g
- 아몬드 40g
- 소금 약간

1. 브로콜리는 송이송이 떼서 끓는 물에 살짝 데친 뒤 찬물에 헹궈 물기를 뺀다. 적양파는 완두콩 크기에 맞춰 잘게 썬다.

2. 콩소시지는 김이 오른 찜기에 살짝 찐다.

3. 완두콩도 냄비에 물을 자작하게 붓고 삶는다. 너무 퍼지지 않도록 주의한다.

4. 아몬드는 달군 팬에서 앞뒤가 노릇해질 때까지 볶아 곱게 다진다. 모든 재료에 드레싱을 버무려 다진 아몬드를 뿌린다.

석류 올리브 드레싱

석류식초의 새콤함에 다진 마늘, 올리브유가 더해진 드레싱. 볼에 재료를 넣고 한쪽 방향으로 젓는다.

석류식초 4큰술 + 올리브유 1큰술
다진 마늘 1/2작은술 + 소금 약간

+
감식초
드레싱

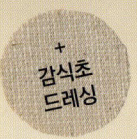

표고버섯 샐러드

어른들을 위한 가벼운 건강식 샐러드로는 상추 샐러드가 제격이지요. 감식초로 만든 드레싱을 곁들여 건강에도 좋답니다. 팬에 구운 표고버섯과 마늘이 샐러드의 맛을 더해줍니다.

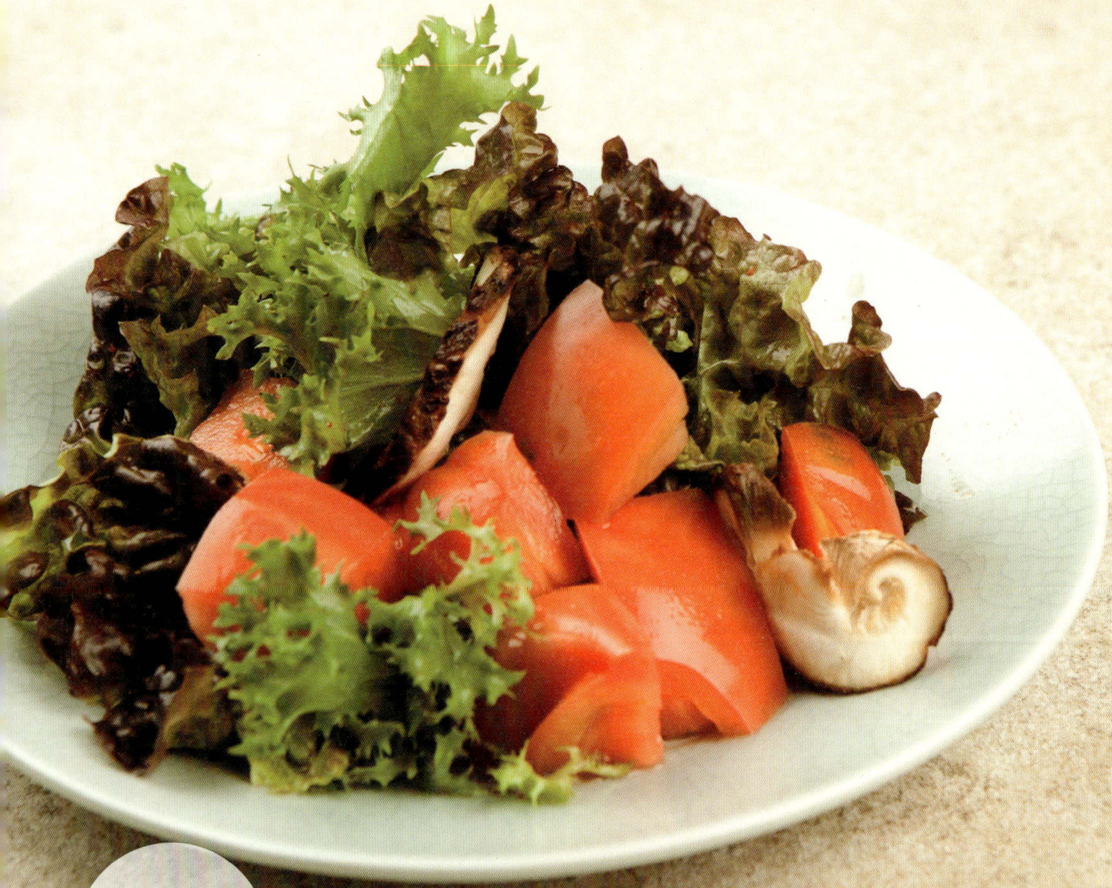

1인분
67Kcal

재료(2인분)
- 표고버섯 4개(100g)
- 상추 6~7장(20g)
- 치커리 6~7장(20g)
- 토마토 1개(중간 크기 150g)
- 마늘 4쪽
- 포도씨유 약간

1

상추와 치커리는 먹기 좋게 손으로 찢는다.

2

토마토는 나박 썰고, 마늘은 편 썬다. 표고버섯은 길이로 슬라이스한다.

3

포도씨유를 두른 팬에서 준비한 마늘과 표고버섯을 살짝 굽는다. 볼에 모든 재료를 넣고 드레싱과 함께 버무린다.

감식초 드레싱

풍미가 느껴지는 감식초 드레싱은 버섯과 찰떡궁합. 감식초에 가루간장 (또는 진간장), 고춧가루를 넣고 숟가락으로 뭉치지 않게 섞는다.

감식초 1/2컵 + 가루간장 2작은술 or 진간장 2작은술 + 고춧가루 1/2작은술

 고추냉이 간장 드레싱

물미역 샐러드

신선한 해초류는 반찬용 샐러드로 재료로 좋지요.
양배추를 곱게 썰고 고추냉이 간장 드레싱에 양파, 오이,
피망을 함께 버무리면 한끼 반찬 걱정이 없답니다.
고추냉이는 입맛에 따라 양을 조절하세요.

1인분
35Kcal

재료(2인분)

- 물미역 40g
- 오이 1/2개(100g)
- 양파 1/4개(50g)
- 빨강 피망 1/4개(45g)
- 양배추 2장(40g)

1

물미역은 물에 담가 염분을 뺀다.

2

물미역의 물기를 짠 뒤 먹기 좋은 크기로 썬다.

3

양파 길이에 맞춰 피망과 오이, 양파를 함께 채 썬다.

4

양배추를 곱게 채 썰어 접시에 깔고 물미역과 양파, 오이, 피망을 드레싱과 버무려 위에 올린다.

고추냉이 간장 드레싱

말린 고추와 고추냉이가 만나 알싸한 맛을 낸다. 말린 고추를 잘게 잘라 고추냉이를 제외한 나머지 재료와 섞는다. 마지막에 고추냉이를 물에 으깨 드레싱에 곁들인다.

말린 고추 1개 + 물 2큰술 + 가루간장 2작은술 or 진간장 2작은술

레몬즙 1작은술 + 사탕수수 1/2작은술 + 고추냉이 약간

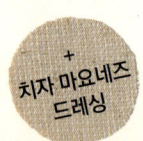
+ 치자 마요네즈 드레싱

셀러리 샐러드

사과와 셀러리 줄기를 채 썰어 나물을 무치듯 드레싱에 버무린 샐러드예요. 사과와 셀러리 줄기 모두 수분이 많아 한입 먹으면 입안 가득 에너지가 느껴지죠. 치자 마요네즈 드레싱의 노란색이 샐러드에 물들어 그 빛깔도 참 예뻐요.

1인분
91Kcal

재료(2인분)
- 셀러리 줄기 1/2개
- 청사과 1/4개(50g)
- 소금 약간
- 후춧가루 약간
- 이탈리안 파슬리 약간

1. 청사과는 깨끗이 씻어 껍질째 채 썬다.

2. 셀러리는 줄기의 껍질을 벗겨 사과와 같은 길이로 채 썬다.

3. 레몬즙과 치자 물을 내 드레싱을 만든다. 마요네즈 드레싱에 치자 물, 다진 마늘과 양파를 섞는다.

4. 채 썬 사과와 셀러리를 드레싱에 버무린 뒤 취향에 따라 소금이나 후춧가루로 간한다. 장식으로 이탈리안 파슬리를 약간 올린다.

치자 마요네즈 드레싱

마요네즈 드레싱
만드는 법 011페이지에 다진 마늘과 다진 양파, 치자 즙을 더했다. 느끼하지 않아 먹기 좋다.

마요네즈 드레싱 2큰술 = 캐슈너트 1/2컵 + 레몬즙 1/2큰술 + 꿀 1/2큰술 + 올리브유 1/2큰술 + 물 1/2큰술 + 소금 약간

+ 치자 물 1큰술 + 다진 마늘 1작은술 + 다진 양파 1작은술

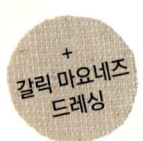
+ 갈릭 마요네즈 드레싱

마 적양배추 샐러드

적양배추와 마, 핑크볼을 층으로 쌓듯이 올려 먹기 직전에 드레싱을 붓고 버무려 먹는 샐러드예요. 색색의 컬러 매치가 돋보여 식탁이 환하게 살아납니다. 고소한 맛을 원한다면 잣가루를 추가해도 좋아요.

1인분
584Kcal

재료(2인분)

○ 마 200g
○ 적양배추 4~5장(130g)
○ 핑크볼 1+1/2줌(30g)
○ 김밥용 김 약간

1. 위생장갑을 끼고 필러를 이용해 마의 껍질을 벗긴다.

2. 위생장갑을 끼고 마를 4~5cm 길이로 곱게 채 썬다.

3. 적양배추는 마와 같은 크기로 곱게 채 썬다. 김밥용 김도 같은 모양으로 조금 자른다.

4. 분량의 핑크볼을 깨끗이 씻어 물기를 턴다. 접시에 적양배추를 올리고, 마와 핑크볼, 김을 순서대로 올린다.

갈릭 마요네즈 드레싱

캐슈너트 1컵 + 다진 양파 4큰술 + 꿀 2큰술 + 올리브유 2큰술

물 2큰술 + 레몬즙 2큰술 + 다진 마늘 1/2큰술 + 소금 약간

잎채소와 잘 어울리는 드레싱으로 고소한 맛을 더 내고 싶다면 캐슈너트 대신 잣을 사용한다. 재료를 한데 섞어 믹스한다.

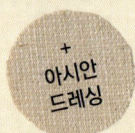
+ 아시안 드레싱

버섯볶음 샐러드

다양한 버섯을 샐러드로 즐겨 보세요. 특히 백만송이버섯은 가닥이 얇고 식감이 좋아 샐러드로 즐기기 좋답니다. 볶은 버섯과 오이, 양파, 파프리카, 그리고 아시안 드레싱으로 맛을 냈습니다.

1인분
76Kcal

재료(2인분)

- 흰색 백만송이버섯 2송이
- 갈색 백만송이버섯 2송이
- 주황 파프리카 1/2개(100g)
- 오이 1/4개(50g)
- 양파 1/4개(50g)
- 방울토마토 4개
- 포도씨유 약간

1 오이는 원형 그대로 슬라이스하고, 파프리카는 2×2cm로 사각 썬다. 방울토마토는 반으로 자르고 양파는 반 잘라 채 썬다.

2 버섯은 밑동을 잘라 포도씨유를 두른 달군 팬에 볶는다.

3 말린 고추를 잘게 썰어 분량의 재료를 섞어 드레싱을 만든다.

4 준비한 채소와 볶은 버섯에 드레싱을 부어 버무린다.

아시안 드레싱

담백한 버섯에 잘 어울리는 드레싱. 생강즙을 베이스로 올리브유와 레몬즙, 말린 고추를 더해 매콤한 맛을 낸다.

말린 고추 1개 + 생강즙 1작은술 + 레몬즙 1작은술
사탕수수 1작은술 + 아마씨유 1/2작은술 + 다진 마늘 1/2작은술
진간장 1/2작은술 + 소금 약간 + 민트 조금

+ 유자청 드레싱

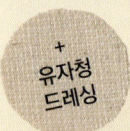

세발나물 샐러드

톡톡 씹히는 식감으로 인기 좋은 세발나물도 좋은 샐러드 거리이지요. 아삭한 파프리카, 양파와 더하면 궁합이 좋답니다. 유자청에 겨자가루를 더한 드레싱과 버무리면 반찬으로도 손색없습니다.

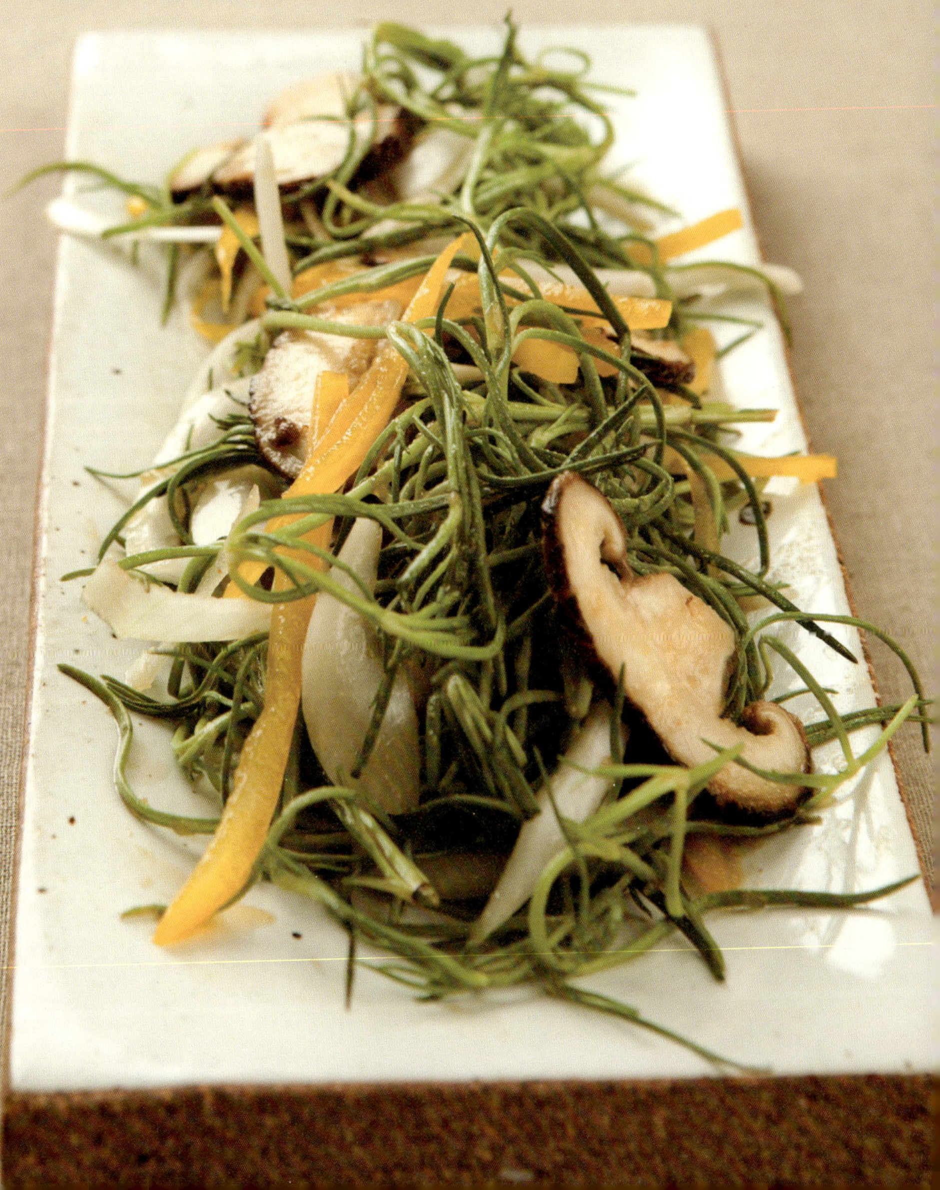

1인분
69Kcal

재료(2인분)

- 세발나물 2줌(150g)
- 노랑 파프리카 1/4개(50g)
- 양파 1/4개(50g)
- 표고버섯 1개(25g)
- 포도씨유 약간

1 세발나물은 끝부분만 다듬고 씻어 물기를 턴다.

2 파프리카는 모양대로 채 썰고, 양파도 채 썬다.

3 포도씨유를 두른 팬에 표고버섯과 파프리카, 양파를 각각 볶는다.

4 레몬즙을 내 드레싱을 만들어 준비한 재료를 한데 버무린다.

유자청 드레싱

겨우내 유자차로 즐기던 유자청(만드는 법 017페이지)도 드레싱 재료로 사용하기 좋다. 유자청에 겨자가루와 레몬즙, 올리브유만 더하면 유자청 드레싱 완성.

 유자청 2큰술

+  겨자가루 1작은술

 레몬즙 1/2작은술

+  올리브유 1/2작은술

+ 조림 간장 드레싱

알감자 다시마 샐러드

쫄깃한 식감의 쫄쫄이다시마는 간장 드레싱과 잘 어울리는 해초류예요. 대추와 말린 고추를 넣고 졸여 달달하면서도 매콤한 드레싱이지요. 삶은 알감자를 더해 맵지 않게 즐길 수 있도록 했습니다.

1인분
300Kcal

재료(2인분)
- 알감자 6~7개
- 쫄쫄이다시마 70g
- 신선초 1줌(50g)

1

쫄쫄이다시마를 뜨거운 물에 넣어 데친다.

2

알감자는 깨끗이 씻어 껍질째 삶는다.

3

데친 쫄쫄이다시마는 적당한 크기로 잘라 곱게 채 썬다.

4

채썬 다시마와 알감자, 먹기 좋게 자른 신선초에 드레싱을 섞는다.

조림간장 드레싱

재료를 곱게 다지고, 모두 함께 냄비에 넣어 걸쭉할 때까지 끓인다. 한소끔 끓으면 약한불에서 저어가며 끓인다. 샐러드 재료에 따라 아마씨유, 올리브유, 생들기름, 깨소금, 후춧가루 등을 더해도 좋다.

- 말린 대추 3~4개 + 말린 고추 1개 + 사과 1/4개(약 60g) + 배 약 1/6개(약 60g)
- 양파 1/4개(50g) + 새송이버섯 1/4개(약 10g) + 생강 5g + 국간장 4큰술
- 조청 3큰술 + 다진 파 1큰술 + 매실청 4작은술 + 다진 마늘 2작은술

+ 굴소스

알배추 가지 샐러드

굴소스의 짭조름한 맛이 반찬으로 먹기 좋은 샐러드이지요.
기름을 두른 팬에 편 썰은 마늘을 넣어 향을 내고 알배추와
가지, 버섯, 양파 등을 넣고 살짝 볶다 굴소스를 부어
버무리면 되어요.

1인분
177Kcal

재료(2인분)
- 알배추 70g
- 가지 1개(140g)
- 적양파 1/2개(60g)
- 새송이버섯 1개(45g)
- 마늘 6쪽
- 포도씨유 약간

1. 알배추는 1.5cm 폭으로 자르고, 새송이버섯은 원형 모양으로 자른다. 가지와 양파는 반 갈라 슬라이스하고, 마늘은 편 썬다.

2. 포도씨유를 두른 팬에 슬라이스한 마늘을 넣고 볶는다.

3. ❷에 준비한 알배추와 가지, 새송이버섯 등의 채소 모두를 넣고 살짝 볶는다.

4. 채소의 숨이 죽으면 완성된 굴소스를 넣고 한 번 더 볶는다.

굴소스

말린 고추 3~4개 + 배즙 1개 분량 + 다진 파 2큰술 + 조청 1큰술
다진 양파 1큰술 + 다진 마늘 1큰술 + 진간장 2작은술 + 생강즙 2작은술
전분가루 1작은술

전분가루를 제외한 재료를 모두 넣고 끓이다가 국물이 어느 정도 자작해지면 전분가루를 더해 되직한 드레싱을 완성한다.

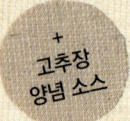
+ 고추장 양념 소스

더덕구이 샐러드

흔히 반찬으로 즐겨 먹는 더덕구이를 샐러드로 만들었어요. 고추장 소스를 발라 더덕을 구운 뒤 여러 잎채소와 함께 곁들였지요. 그 위에 편 썬 마늘을 구워 올리면 더욱 먹음직스럽답니다.

1인분
121Kcal

재료(2인분)

- 더덕 2~3뿌리(약 110g)
- 청겨자잎 60g
- 쑥갓 1/2줌(60g)
- 마늘 2~3쪽

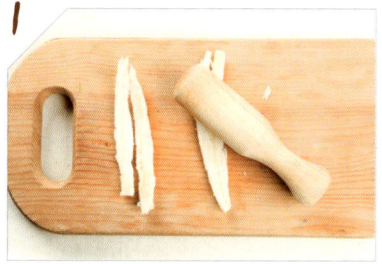

1 더덕은 필러를 이용해 껍질을 벗기고 먹기 좋은 두께로 자른 뒤 방망이로 살짝 두드린다.

2 고추장 양념 소스를 만들어 두드린 더덕에 앞뒤로 고루 바른다.

3 180℃ 온도의 오븐에서 5분간 굽는다. 마늘을 슬라이스해 더덕 위에 올려 함께 구워도 좋다.

4 청겨자잎과 쑥갓을 먹기 좋은 크기로 잘라 접시에 담고 그 위에 구운 더덕을 올린다.

고추장 양념 소스

더덕에 발라 굽는 양념장으로 사용되므로 되직하게 만든다. 입맛에 따라 고추장 양을 줄이고 통깨를 더해도 좋다.

고추장 4큰술 + 다진 파 1큰술 + 통깨 2작은술

된장 드레싱

야콘 배추 샐러드

배의 단맛과 참마의 영양이 고루 들어있는 야콘은 아삭한 샐러드로 즐기기에 좋은 재료입니다. 생으로 먹기에도 맛나지만 시원한 알배추와 된장 드레싱에 버무리면 그 맛이 더욱 특별해지지요.

1인분
119Kcal

재료(2인분)
○ 야콘 200g
○ 알배추 4장(400g)
○ 애플민트 약간

1. 야콘은 껍질을 벗기고 2×2cm 크기로 나박 썬다. 알배추도 야콘과 같은 크기로 나박 썬다.

2. 애플민트는 잎을 하나하나 떼어 준비한다.

3. 볼에 준비한 야콘과 알배추를 넣고 드레싱을 넣어 살짝 버무린다. 그릇에 담고 애플민트를 적당히 올린다.

된장 드레싱

짜지 않게 먹는 된장 드레싱. 배는 강판에 갈은 뒤 베 보자기로 짜서 즙을 낸다. 배즙에 남은 재료를 모두 넣고 고루 섞는다.

배 40g + 감식초 4큰술 + 다진 파 2큰술 + 된장 2작은술

고춧가루 1작은술 + 다진 마늘 1/2작은술 + 아마씨유 약간

+ 고추장 레몬 드레싱

우뭇가사리 샐러드

입안에서 톡톡 터지는 우뭇가사리에 레몬즙을 넣은 고추장 레몬 드레싱을 더하면 색다른 샐러드가 된답니다. 시원한 배를 채 썰어 곁들이면 고추장의 매콤함과 배의 달콤함이 어우러져 더욱 맛나지요.

1인분
72Kcal

재료(2인분)
- 우뭇가사리 20g
- 배 1/4개(100g)
- 양파 1/3개(약 70g)
- 실파 약간

1. 양파는 반 잘라 곱게 채 썬다.
우뭇가사리도 같은 길이로 준비한다.

2. 고명으로 쓰일 실파는 송송 썬다.

3. 배는 흐르는 물에 깨끗이 씻은 뒤 0.5cm 굵기로 껍질째 채 썬다.

4. 접시에 채 썬 배를 깔고, 우뭇가사리와 드레싱을 버무려 얹은 뒤 송송 썬 실파를 얹어 솔솔 뿌린다.

고추장 레몬 드레싱

말린 고추 1개 + 물 4큰술 + 고추장 2작은술 + 레몬즙 2작은술

국간장 1작은술 + 꿀 1작은술 + 다진 마늘 약간 + 후춧가루 약간

통깨 약간

팬에 통깨를 제외한 재료를 모두 넣고 팔팔 끓인 뒤 식힌다. 한소끔 식으면 통깨를 넣어 고루 섞는다.

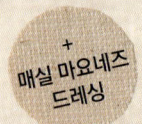
+ 매실 마요네즈 드레싱

삼색 콩 샐러드

짠 반찬을 피하고 싶은 분께 건강식 콩 샐러드 반찬을 권해 드려요.
삶은 작두콩과 완두콩에 매실청을 넣은 드레싱을 곁들여 건강은 물론 맛도
좋지요. 콩으로 샐러드를 만들 때는 콩의 삶기가 그 맛을 좌우하지요. 콩별로
익는 시간이 다르니 각각 삶는 게 좋아요.

1인분
165Kcal

재료(2인분)

- 검은색 작두콩 20g
- 흰색 작두콩 20g
- 완두콩 20g
- 치커리 6~7장(20g)
- 셀러리 20g
- 콩가루 2작은술

1

흰색 작두콩, 검은색 작두콩, 완두콩을 따로 삶아 각각 식힌다.

2

드레싱을 준비해 삶아 식힌 콩을 한데 모아 버무린다.

3

치커리는 적당한 크기로 손으로 뜯거나 세라믹 칼로 자른다.

4

셀러리는 적당한 크기로 썬다. 치커리와 셀러리를 섞은 뒤 그 위에 드레싱에 버무린 콩을 올린 뒤 콩가루를 솔솔 뿌린다.

매실 마요네즈 드레싱

고소한 콩에 마요네즈 드레싱 만드는 법 011페이지을 매치하면 고소함이 배가 된다. 매실청이 더해져 콩의 소화를 돕는다.

마요네즈 드레싱 2큰술 + 매실청 1작은술

= 캐슈너트 1/2컵 + 레몬즙 1/2큰술 + 꿀 1/2큰술 + 올리브유 1/2큰술 + 물 1/2큰술 + 소금 약간

현대병의 대부분은 과잉 영양에서 비롯된다고 합니다. 밥과 국, 반찬… 하루 한끼 정도는 자연식 샐러드로 준비해 보면 어떨까요? 파스타, 떡, 수프 등 채소를 중심으로 밥 대신 가볍게 먹기 좋은 메뉴를 소개합니다.

DISH 3 한끼 샐러드

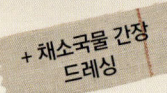

+ 채소국물 간장 드레싱

고대미밥 샐러드

채소국물로 밥을 지어 만든 샐러드예요. 채소국물의 간이 살짝 배어 밥도 맛있지요. 신선초와 달걀과 섞어 채소국물 간장 드레싱에 비벼 먹으면 한 그릇 든든한 식사가 됩니다.

1인분
272Kcal

재료(2인분)
- 고대미(토종 야생쌀) 90g
- 채소국물 3컵
- 달걀 2개
- 신선초 2/3줌(약 40g)

1. 압력솥에 고대미와 분량의 채소국물을 넣고 40분간 뚜껑을 열어 밥이 날리도록 지어 식힌다.

2. 달걀을 완숙으로 삶는다.

3. 삶은 달걀은 달걀 칼을 이용해 슬라이스한다.

4. 신선초는 손으로 잎 부분만 따서 준비하고 식힌 밥과 달걀과 함께 담아 소스와 곁들인다.

채소국물 간장 드레싱

미리 만들어둔 채소국물에 국간장과 올리브유만 섞으면 간단한 드레싱이 완성된다. 입맛에 따라 후춧가루를 더한다.

채소국물 2큰술 + 국간장 1작은술
올리브유 1/2작은술 + 후춧가루 약간

+ 장아찌 드레싱

대추 현미밥 샐러드

대추와 마로 현미밥을 지어 샐러드로 만들었어요. 부추를 넉넉히 올려
장아찌 드레싱과 함께 곁들여 먹으면 더운 여름날에도 힘이 솟지요.

1인분
450Kcal

재료(2인분)
- 대추 6개
- 마 60g
- 현미 200g
- 부추 1/2줌(25g)
- 래디쉬 2개

1 대추는 돌려 깎아 씨를 제거해 채 썰고, 마는 0.7cm로 깍둑 썰어 현미와 함께 밥을 짓는다.

2 밥이 완성되면 접시에 대추와 마가 고루 섞이게 밥을 담는다.

3 부추는 먹기 좋게 4~5cm 크기로 썬다.

4 래디쉬는 얇게 슬라이스한다. 부추와 래디쉬를 ❷의 대추 현미밥 위에 올려 드레싱을 얹는다.

장아찌 드레싱

가죽나물 장아찌와 실파를 곱게 다진다. 여기에 다진 마늘과 남은 재료를 한데 섞어 시원하게 보관한다.

가죽 장아찌 (또는 방풍나물 · 취나물 장아찌) 40g + 실파 10g + 부추 10g

다진 마늘 1큰술 + 아마씨유 약간 + 깨소금 약간

+ 간장 드레싱

곤드레밥 샐러드

속이 허한 날에는 나물밥을 지어 보세요. 간장 드레싱으로 버무린
부추와 양파, 파프리카 무침을 곁들이면 진수성찬이 따로 없답니다.
곤드레나물의 향이 행복한 하루를 만들어줄 거예요.

1인분
589Kcal

재료(2인분)
- 냉동 곤드레나물 200g
- 현미 100g
- 현미찹쌀 100g
- 부추 1/2줌(25g)
- 주황 파프리카 1/5개(40g)
- 양파 1/5개(40g)

1

냉동 곤드레나물을 해동시켜 현미와 현미찹쌀을 1:1 비율로 섞어 밥을 한다.

2

파프리카는 길이대로 채 썰고, 양파도 길이에 맞춰 채 썬다.

3

부추도 파프리카 길이에 맞춰 먹기 좋은 크기로 자른다.

4

드레싱을 준비해 부추와 파프리카, 양파를 버무린다. 남은 드레싱은 곤드레밥에 뿌린다.

간장 드레싱

국간장에 고춧가루와 다진 마늘을 더해 맛깔나게 즐기기 좋다. 재료를 한데 섞고 올리브유는 가장 나중에 넣고 섞는다.

- 레몬즙 2작은술
- 고춧가루 2작은술
- 깨소금 2작은술
- 아마씨유 2작은술
- 사탕수수 2작은술 (기호에 따라)
- 국간장 1작은술
- 다진 마늘 1작은술

+ 발사믹 글레이즈

오믈렛 샐러드

영양가 높은 오믈렛은 한끼 식사로 좋은 메뉴이지요. 각종 채소를 넣어 오믈렛을 만들고 토마토를 구워 드레싱과 함께 낸 샐러드를 완성했어요. 시중에 판매하는 발사믹 글레이즈를 이용하셔도 좋습니다.

1인분
241Kcal

재료(2인분)
- 콩소시지 1개
- 양파 1/5개(40g)
- 피망 1/5개(약 35g)
- 달걀 1개
- 토마토 1개
- 실파 약간
- 포도씨유 1작은술

1 콩소시지, 양파와 피망, 실파는 잘게 썬다.

2 잘게 썬 콩소시지와 양파, 피망, 실파를 포도씨유 살짝 두른 팬에서 볶는다.

3 ❷의 볶은 채소에 달걀을 풀어 섞은 뒤 오믈렛을 만든다.

4 기름기 없는 팬에서 웨지 모양으로 썬 토마토를 구워 드레싱과 곁들인다.

발사믹 글레이즈

발사믹 식초와 꿀을 냄비에 넣고 약불에서 졸이면 발사믹 글레이즈가 완성된다. 소금으로 살짝 간한다.

발사믹 식초 1/2컵 + 꿀 2큰술 + 소금 약간

+ 키위 드레싱

구운 알감자 샐러드

밥 대신 특별한 별식을 원하는 아이나 남편에게 해주기 좋은 샐러드예요. 알감자에 칼집을 내 굽다가 현미 소스를 더해 한 번 더 굽는 게 포인트이지요. 현미밥이 없다면 현미가루나 쌀가루를 사용해도 좋아요.

1인분
533Kcal

재료(2인분)
- 알감자 6~8개
- 비타민 20g
- 포도 20알
- 이탈리안 파슬리 약간
- 파슬리가루 약간

알감자 현미 소스
- 현미밥 60g
- 캐슈너트 약간
- 잣 약간
- 올리브유 3큰술
- 소금 조금
- 물 6큰술

1. 알감자는 껍질째 깨끗이 씻고, 위쪽에 십자 모양으로 칼집을 내서 180℃로 예열한 오븐에 10분간 굽는다.

2. 알감자 현미 소스 재료를 곱게 갈아, 구워 낸 감자의 위쪽의 파인 부분에 바른다. 위에 파슬리가루를 뿌린다.

3. ❷의 감자를 오븐에 넣어 2~3분 굽는다.

4. 비타민은 먹기 좋은 크기로 자르고, 포도는 껍질째 넣는다. 이탈리안 파슬리는 고명으로 사용한다. 드레싱에 버무려 구운 알감자와 함께 낸다.

키위 드레싱

키위를 강판에 갈아 레몬즙, 꿀과 섞는다. 새콤한 드레싱을 원한다면 그린 키위를, 달콤한 맛을 내고 싶다면 골드 키위를 사용한다.

 키위 2개(260g) +  레몬즙 1큰술 +  꿀 1큰술

+ 바나나 드레싱

모둠 콩 샐러드

검은콩과 옥수수를 기본 재료로 만든 콩 샐러드예요. 샐러드용 콩을 삶을 때는 압력솥을 이용하는 게 좋아요. 그래야 콩의 고소한 맛이 배가 되지요. 물기가 거의 없는 정도가 알맞게 익은 상태랍니다.

1인분 177Kcal

재료(2인분)

- 옥수수 알맹이 80g
- 검은콩 30g
- 토마토 1/2개(약 65g)
- 어린잎 채소 2줌(40g)
- 쪽파 2줄기
- 말린 고추 1/2개
- 다진 양파 2작은술

1

검은콩을 삶는다. 뚜껑을 열었을 때 물이 거의 없는 정도가 알맞게 익은 상태.

2

옥수수 알맹이는 끓는 물에 넣어 익힌다. 손으로 하나씩 뜯어 넣어야 모양이 예쁘게 나온다.

3

토마토는 데쳐 껍질을 제거한 뒤 잘게 썬다. 어린잎 채소는 물기를 턴다. 검은콩과 옥수수, 토마토와 다진 양파를 고루 섞는다.

4

말린 고추는 가위를 이용해 아주 잘게 준비하고, 쪽파도 잘게 썰어 고명으로 사용한다. 어린잎 채소 위에 드레싱을 뿌려 먹는다.

바나나 드레싱

바나나와 물을 넣고 믹서에서 간 뒤, 시나몬가루를 넣고 한 번 더 믹스한다. 잎채소는 물론 빵과 곁들여도 잘 어울린다.

바나나 1개 + 물 2큰술 + 시나몬가루 조금

+ 오디 드레싱

올리브 샐러드

푹 삶으면 팥 맛이 나는 강낭콩에 달짝지근한 오디 드레싱을 매치했어요. 살짝 구운 새송이버섯을 토핑처럼 올려 보기에도 맛있고, 쫄깃한 식감도 좋답니다.

1인분
319Kcal

재료(2인분)
- 강낭콩 100g
- 새송이버섯 1/2개(약 20g)
- 방울토마토 6개
- 블랙올리브 6개
- 상추 1줌(50g)
- 치커리 2~3장(10g)
- 삶은 달걀 1개

1

강낭콩은 압력솥에서 푹 삶는다.

2

새송이버섯은 모양대로 길게 잘라 기름 없이 팬에 살짝 굽는다.

3

방울토마토는 반 가르고, 블랙올리브는 슬라이스한다. 삶은 달걀은 흰자만 분리해 나박 썬다.

4

상추와 치커리는 먹기 좋은 크기로 손으로 찢어 넣는다.

오디 드레싱

오디를 믹서로 갈은 뒤 레몬과 꿀, 소금을 더해 한 번 더 간다. 오디의 씹히는 맛을 주고 싶다면 직접 으깨서 넣는 게 좋다.

오디 4컵(350g) + 꿀 4큰술
레몬즙 4큰술 + 소금 약간

+ 검은콩 두유 드레싱

쿨 두유 파스타 샐러드

쿨 파스타 샐러드를 할 때는 파스타의 삶기가 중요하지요. 삶자마자 올리브유로 살짝 버무려 놓으면 탱탱한 면 맛을 오랫동안 즐길 수 있어요. 푸실리와 검은콩으로 만든 두유 드레싱의 궁합이 잘 맞는 샐러드입니다.

1인분
464Kcal

재료(2인분)
- 푸실리 70g
- 검은콩 40g
- 마늘 2쪽
- 올리브유 1작은술
- 소금 약간
- 애플민트 약간

1. 푸실리는 끓는 소금물에 8분간 삶는다.

2. 삶은 푸실리는 곧장 찬물에 헹궈 체에 밭친다.

3. 푸실리의 물기가 빠지면 올리브유를 약간 넣어 버무린다.

4. 마늘은 슬라이스해서 올리브유를 두른 팬에 굽는다. 준비한 드레싱에 삶은 푸실리와 구운 마늘을 버무리고, 애플민트를 토핑한다.

검은콩 두유 드레싱

검은콩은 넉넉한 물과 함께 압력솥에 넣어 15분간 삶는다. 삶은 검은콩과 삶은 콩물, 꿀, 소금을 믹서에 넣어 간다.

검은콩 2/3컵 + 삶은 콩물 2/3컵
꿀 2큰술 + 소금 1+1/2작은술

1인분
289 Kcal

+ 약고추장 드레싱

더덕 팬네 샐러드

팬네와 더덕으로 심플하게 만든 샐러드지요. 팬네 면에 고루 묻은 약고추장 드레싱과 더덕의 향이 잘 어울려요. 그릴 팬이 없다면 일반 팬에 더덕을 구워도 되어요. 이때는 강불에서 앞뒷면 각각 40~50초 사이로만 짧게 구워주세요.

재료(2인분)
- 펜네 100g
- 더덕 2뿌리(90g)
- 소금 약간
- 파슬리가루 약간

1. 더덕은 필러로 껍질을 벗기고 어슷 썰어 찬물에 담가 아린 맛을 뺀 뒤 그릴 팬에 그릴 모양이 나게 굽는다.

2. 펜네는 끓는 소금물에 넣고 8분 삶는다.

3. 드레싱을 만든다. 마늘은 다지고 파도 다져 분량의 재료와 섞는다.

4. 팬에 삶은 펜네에 드레싱을 넣어 버무린다. 그릇에 덜고 구운 더덕을 위에 얹고 파슬리가루를 뿌린다.

약고추장 드레싱

달군 팬에 포도씨유를 둘러 물을 제외한 분량의 재료를 넣어 볶는다. 한김 볶아지면 물을 넣어 한 번 더 조린다.

베지버거 50g + 물 1컵 + 고추장 1큰술 + 다진 마늘 1작은술

다진 파 1작은술 + 통깨 약간 + 포도씨유 약간

+ 고추냉이 간장 드레싱

비빔 통밀칼국수 샐러드

파스타 대신 통밀칼국수를 이용한 쿨 샐러드입니다. 매콤한 고추냉이 간장 드레싱이 부담스럽지 않도록 콜리플라워와 사과를 곁들였지요. 입맛 잃은 날, 간단하게 먹기 좋아요.

1인분
200Kcal

재료(2인분)
- 통밀칼국수 90g
- 콜리플라워 1/2개(150g)
- 사과 1/2개(100g)
- 양파 1/5개(40g)

1 통밀칼국수는 끓는 물에 5분간 삶아 찬물에 헹궈 물기를 뺀다.

2 콜리플라워는 먹기 좋은 크기로 자르고, 사과는 채 썰고, 양파는 반 잘라 채 썬다.

3 먹기 좋게 자른 콜리플라워는 끓는 물에 살짝 익힌다.

4 준비한 재료들을 한데 버무려 드레싱을 곁들여 먹는다.

고추냉이 간장 드레싱

기본 간장 드레싱 만드는 법 012페이지에 매실청과 고추냉이가루를 더해 섞는다. 고추냉이가루의 양은 취향에 따라 넣는다.

간장 드레싱 1+1/2큰술 = 레몬즙 1작은술 + 고춧가루 1작은술 + 깨소금 1작은술 + 올리브유 1작은술 / 다진 마늘 1/2작은술 + 국간장 1/2작은술 + 사탕수수 적당량

매실청 1큰술 + 고추냉이가루 약간

+ 로제 드레싱

파스타 샐러드

현미로 만든 파스타에 각종 채소를 더하고 로제 드레싱으로 맛을 낸 담백한 파스타 샐러드예요. 고소한 맛을 내고 싶다면 잣가루를 내어 위에 뿌려도 좋아요. 마지막에 파슬리가루와 후춧가루로 간을 하세요.

1인분 427Kcal

재료(2인분)

- 현미 파스타 100g
- 토마토 1개(130g)
- 브로콜리 1/2개(100g)
- 양파 1/2개(100g)
- 양송이버섯 1개(약 10g)
- 블랙올리브 4개
- 올리브유 1작은술
- 파슬리가루 약간
- 후춧가루 약간
- 소금 약간

1

브로콜리는 송이송이 잘라서 끓는 물에 데쳐 준비한다.

2

토마토 삶아서 껍질 벗겨 나박하게 썰고, 양파는 채 썰고, 양송이버섯은 1/4등분하고, 블랙올리브는 슬라이스한다.

3

끓는 소금물에 파스타를 넣어 8~9분간 삶아 올리브유에 살짝 버무린다.

4

팬에 오일을 살짝 둘러 양파와 버섯을 볶은 뒤, 남은 재료 모두를 넣고 드레싱을 더해 한 번 더 섞는다. 취향에 따라 파슬리가루와 후춧가루를 넣는다.

로제 드레싱

삶은 토마토의 껍질을 벗긴 뒤, 믹서에 모든 재료를 넣고 함께 간다. 간이 강하지 않아 아이들과 함께 먹기에도 좋다.

마요네즈 드레싱 3큰술 = 캐슈너트 3/4컵 + 레몬즙 3/4큰술 + 꿀 3/4큰술 + 올리브유 3/4큰술 + 물 3/4큰술 + 소금 약간

삶은 토마토 4개 + 마늘 4쪽 + 양파 1/2개

+ 달콤 간장 드레싱

현미 떡 샐러드

떡볶이 떡을 샐러드에 넣어 보았어요. 달짝지근한 간장 드레싱이 아이들 먹기에도 좋답니다. 현미 떡볶이 떡을 살짝 굽고 꿀에 재워 더욱 달콤하지요.

1인분
263Kcal

재료(2인분)
- 현미 떡볶이 떡 100g
- 노랑 파프리카 1/2개(100g)
- 빨강 파프리카 1/2개(100g)
- 양상추 7~8장(70g)
- 비타민 50g
- 꿀 1작은술
- 포도씨유 1작은술
- 잣 약간

1 현미 떡볶이 떡은 포도씨유를 두른 팬에서 살짝 굽는다.

2 잣을 다져 꿀에 섞은 뒤, ❶의 구운 현미 떡볶이 떡을 재운다.

3 양상추는 먹기 좋게 손으로 뜯고, 비타민은 작은 잎만 준비하고, 파프리카는 나박하게 썬다.

4 준비한 재료에 드레싱을 더해 버무린다.

달콤 간장 드레싱

진간장과 채소국물을 베이스로 한 간장 드레싱. 조청과 사탕수수로 단맛을 내 아이들도 먹기 좋다.

가루간장 1큰술 or 진간장 1큰술 + 조청 1큰술 + 사탕수수 1큰술
채소국물 1큰술 or 물 1큰술 + 마늘 1/2큰술 + 아마씨유 약간

+ 매콤 토마토 드레싱

감자 양배추 샐러드

감자와 양배추, 콩소시지, 파프리카를 한데 섞어 매콤한 토마토 드레싱에 버무렸어요. 집에서 만든 바케트에 곁들이면 한끼 식사로도 부족함이 없지요. 마늘 바케트를 만들 때 버터 대신 집에서 만든 마요네즈 드레싱을 발라도 맛있답니다.

1인분
256Kcal

재료(2인분)

- 감자 1/2개(100g)
- 양배추 4~5장(약 100g)
- 콩소시지 1개(40g)
- 양파 1/4개(50g)
- 노랑 파프리카 20g
- 주황 파프리카 20g
- 양송이버섯 2개(약 20g)

마늘 바케트

- 통밀 바케트 2쪽
- 마요네즈 드레싱 2작은술
- 파슬리 약간

1 감자와 콩소시지는 김 오른 찜통에 쪄서 식힌 뒤 깍둑 모양으로 썬다.

2 양파와 노랑·주황 파프리카도 깍둑 모양으로 썬다. 양송이버섯은 모양대로 편 썰고, 양배추는 채 썬다.

3 마늘 바케트를 만든다. 빵에 마요네즈 드레싱 만드는 법 011페이지 을 고루 펴 바른다.

4 ❸에 파슬리가루를 솔솔 뿌려 180℃로 예열된 오븐에서 10분간 노릇하게 굽는다. 이후 모든 재료를 드레싱에 버무리고 마늘 바케트와 함께 낸다.

매콤 토마토 드레싱

삶은 토마토는 껍질을 벗기고 레몬즙과 꿀을 넣어 믹서한다. 마지막에 말린 고추 잘게 다진 것과 소금, 후춧가루를 넣고 간을 한다.

삶은 토마토 2개 + 말린 고추 1개 + 레몬즙 1큰술
꿀 1작은술 + 소금 약간 + 후춧가루 약간

+ 로즈마리 소스

토마토 수프 샐러드

속이 허전할 때는 따뜻한 수프 샐러드를 드셔 보세요. 컬러푸드인 토마토와 가지가 노화방지는 물론 쌓인 피로도 풀어준답니다. 입맛에 따라 소스의 양을 조절해서 드세요.

1인분
132Kcal

재료(2인분)
- 토마토 2개(260g)
- 양파 1/2개(100g)
- 가지 1/2개(70g)
- 피망 1/3개(60g)
- 마늘 2쪽
- 올리브유 약간

1

가지는 반달 모양으로 썰고, 피망은 작게 사각 모양으로 썬다. 토마토는 껍질을 벗겨 웨지 모양으로 썰고, 양파는 반 갈라 채 썬다.

2

마늘은 편 썰어 올리브유를 두른 팬에서 볶아 마늘 기름을 만든다.

3

마늘이 노릇해지면 ❶의 재료를 모두 넣고 볶는다.

4

토마토에서 물이 나오면 한 번 더 끓인다. 먹기 직전 소스를 뿌려 먹는다.

로즈마리 소스

로즈마리와 블랙올리브를 잘게 다진 뒤, 올리브유와 후춧가루를 넣어 섞는다. 올리브유를 베이스로 향을 더한 샐러드드레싱이다.

블랙올리브 6개 + 올리브유 1큰술
로즈마리 약간 + 후춧가루 약간

+ 들깨 찹쌀 드레싱

버섯들깨 샐러드

감기 기운이 있거나 기력이 쇠할 때 추천하고픈 웜 샐러드예요.
국물이 많은 탕 대신 간단한 샐러드로 만들었지요. 채소국물에 끓인
죽순에 각종 버섯과 들깨 드레싱만 더하면 되어요. 손님 초대상에
내놓아도 좋은 메뉴예요.

1인분
380Kcal

재료(2인분)
- 죽순 100g
- 느타리버섯 2줌(100g)
- 표고버섯 30g
- 백만송이버섯 30g
- 팽이버섯 30g
- 부추 1줌(50g)
- 채소국물 1+1/2컵

1

죽순을 먹기 좋은 크기로 길이로 썬다. 결이 있으면 식감이 질겨진다. 부추도 죽순 크기에 맞춰 썬다.

2

느타리버섯과 백만송이버섯은 먹기 좋은 크기로 손으로 찢고 표고버섯은 알맞게 썬다. 팽이버섯은 밑동만 자른다.

3

채소국물에 준비한 죽순을 넣어 한소끔 끓이고 마지막에 버섯을 넣는다.

4

불을 끄고 드레싱을 넣어 섞는다. 먹기 직전에 부추를 올린다.

들깨 찹쌀 드레싱

깨끗이 씻은 들깨와 찹쌀가루를 믹서에 넣어 간다. 물을 넣고 다시 한 번 갈고 소금으로 간한다.

들깨 2/3컵(40g) + 찹쌀가루 2/3컵

물 2/3컵 + 소금 약간

DISH 4 한입 샐러드

여럿이 함께 먹는 샐러드가 부담스럽다면 핑거 푸드처럼 한입에 쏘옥 넣을 수 있는 샐러드를 소개합니다. 샐러드가 들어 있는 롤부터 샐러드로 만든 쌈과 말이 등 모양부터 맛까지 색달라 특별한 날 선보여도 좋을 메뉴입니다.

+ 초간장 드레싱

애호박 가지 샐러드

채소 볶음 현미밥을 애호박과 가지 속에 채운 한입 샐러드예요. 새콤한 초간장 드레싱과 잘 어울리지요. 현미밥이 들어 있어 속도 든든하고, 모양도 예뻐 손님맞이 상차림에 내놓아도 손색이 없답니다.

1인분
325Kcal

재료(2인분)

- 애호박 1/2개(150g)
- 가지 1/2개(70g)
- 양파 1/5개(40g)
- 빨강 피망 1/5개(약 35g)
- 현미 1컵
- 후춧가루 약간
- 소금 약간
- 포도씨유 약간

1. 현미는 한나절 물에 불렸다가 밥을 짓고 식으면 소금과 후춧가루로 간한다.

2. 피망과 양파는 같은 크기로 다져 포도씨유를 두른 팬에서 달달 볶다가 ❶의 현미밥을 넣어 한 번 더 볶는다.

3. 애호박과 가지는 둥근 모양대로 1.5cm 폭으로 잘라 씨 부분을 도려낸다.

4. 속을 뺀 애호박과 가지에 ❷의 현미채소볶은밥을 넣어 속을 채운다.

5. 김 오른 찜기에 넣어 찐 뒤 드레싱을 뿌려 먹는다.

초간장 드레싱

레몬즙과 진간장, 물, 깨소금을 섞은 뒤, 아마씨유를 넣고 거품기로 휘핑해 기름이 분리되지 않도록 한다. 송송 썬 실파를 넣으면 완성.

물 4큰술 + 레몬즙 2큰술 + 가루간장 1작은술 or 진간장 1작은술

아마씨유 약간 + 깨소금 약간 + 실파 약간

+ 생강 드레싱

양배추 쌈 샐러드

재료를 한데 버무려 양배추 잎에 쌈처럼 싸 먹는
샐러드예요. 양배추는 심이 없는 부분을 이용해야
쌈이 잘 싸진답니다. 속부터 피까지 100% 채소로 만든
만두입니다.

1인분
135Kcal

재료(2인분)
- 양배추 3~4장(80g)
- 두부 1/2모(150g)
- 베지버거 30g
- 양파 1/4개(50g)
- 당근 1/5개(40g)
- 부추 1/2줌(25g)
- 말린 표고버섯 2개
- 풋고추 1개
- 마늘 2쪽
- 후춧가루 약간

1 김이 오른 찜기에 양배추 잎을 넣고 찐다.

2 두부는 베 보자기에 싸서 물기를 꼭 짠 뒤 으깬다.

3 당근과 풋고추, 표고버섯은 모두 잘게 다진다.

4 부추는 끈 묶을 분량을 제외하고 송송 썰고, 마늘도 잘게 썬다. 끈으로 사용할 부추는 끓는 물에 살짝 데친다.

5 기름 두른 팬에 잘게 썬 재료들을 모두 볶은 뒤 불에서 내려 부추를 넣고 후루룩 섞는다. 찐 양배추 잎에 볶은 재료를 넣고 데친 부추로 끈을 묶어 완성한다.

생강 드레싱

생강즙 2큰술 + 다진 파 1큰술 + 가루간장 1작은술 or 진간장 1작은술

다진 마늘 1/2작은술 + 레몬즙 1/2작은술 + 아마씨유 약간

생강즙에 가루간장(또는 진간장)과 레몬즙, 아마씨유를 섞은 뒤, 다진 파와 다진 마늘을 넣어 한 번 더 섞는다.

+ 발사믹 간장 드레싱

구운 가지 샐러드

샐러드를 롤로 즐겨 보세요. 가지를 길이로 편 썰어 구운 새송이버섯와 적양파, 깻잎을 넣고 롤처럼 말아 드레싱과 함께 먹는 샐러드예요. 따로 드레싱과 버무릴 필요 없이 한입에 쏙 넣으면 된답니다.

1인분
80Kcal

재료(2인분)
- 가지 1개(140g)
- 새송이버섯 2개(90g)
- 적양파 1/4개(30g)
- 깻잎 30g

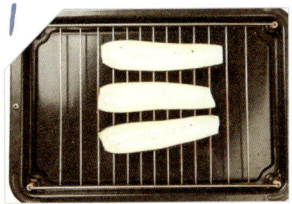

1 가지는 필러로 길이로 잘라 그릴에서 모양이 나도록 굽는다.

2 새송이버섯도 길이 방향으로 편 썰어 그릴에 굽는다.

3 적양파는 반달 모양으로 채 썬다. 적양파 대신 양파로 대체해도 좋다.

4 깻잎은 꼭지를 떼고 반 접어 곱게 채 썬다.

5 구운 가지 위에 새송이버섯, 적양파, 깻잎을 올리고 가볍게 돌돌 말아 꼬지로 고정해 드레싱과 낸다.

발사믹 간장 드레싱

매콤한 간장 드레싱에 발사믹 식초를 더해 깊은 맛을 더한다. 재료를 모두 섞은 뒤 마지막에 올리브유를 더해 섞는다.

간장 드레싱 1+1/2큰술 = 레몬즙 1작은술 + 고춧가루 1작은술 + 깨소금 1작은술 + 올리브유 1작은술 + 사탕수수 1작은술(기호에 따라) + 다진 마늘 1/2작은술 + 국간장 1/2작은술

발사믹 식초 1/2큰술

+ 오렌지 시럽

메밀전병 샐러드

아삭한 샐러드를 전병에 싸서 먹어도 맛나지요. 매콤한 메밀전병에 입가심용으로 상큼한 과일 꼬치와 달콤한 오렌지청 드레싱을 함께 내는 샐러드예요. 전병의 속재료를 다양하게 만들어 즐겨 보세요.

1인분
356Kcal

재료(2인분)
- 배추김치 150g
- 대파 30g
- 파인애플링 1개(100g)
- 그린 키위 1/2개(60g)
- 오렌지 1/2개
- 포도씨유 약간

메밀전병
- 메밀가루 1컵(100g)
- 물 1+1/2컵

1. 익은 배추김치는 물기를 짠 뒤 송송 채 썬다.

2. 대파도 송송 썰어 ❶의 배추김치와 섞어 속재료를 만든다.

3. 메밀가루에 물을 넣고 한쪽 방향으로 반죽한다.

4. 포도씨유를 살짝 두른 팬에 ❸의 반죽을 넓게 펴 전병을 만든다.

5. 전병을 깔고 그 위에 속재료를 넣어 돌돌 말아 먹기 좋은 크기로 썬다.

6. 그린 키위와 파인애플, 오렌지를 각각 삼각형 모양으로 썰어 준비한 오렌지청 드레싱에 묻혀 낸다.

오렌지 시럽

과일 시럽을 만들 듯 오렌지 과육을 발라 곱게 갈아 준비한 꿀과 사탕수수를 넣고 섞는다. 퐁듀를 먹듯 꼬치를 드레싱에 찍어 먹는다.

 오렌지 1/2개 +  꿀 50g +  사탕수수 1큰술

+ 발사믹 갈릭 드레싱

콩나물 볶음 샐러드

매일 먹는 콩나물 무침도 볶음으로 활용하면 색다른 샐러드가 될 수 있지요. 연한 배춧속을 쌈처럼 깔고, 발사믹 갈릭 드레싱으로 간을 낸 콩나물 무침을 올려 보세요. 그 위에 삶은 녹두로 장식을 하면 보기에도 예쁘고, 맛도 좋답니다.

1인분 225Kcal

재료(2인분)
- 콩나물 3줌(150g)
- 녹두 40g
- 양파 1/2개(100g)
- 배춧속 8장(90g)
- 말린 고추 1개
- 올리브유 1큰술

1 콩나물은 머리와 뿌리 부분을 다듬는다.

2 분량의 녹두를 압력솥에서 푹 삶아 식힌다.

3 배춧속은 절반은 1cm 간격으로 썰고, 나머지는 통으로 준비한다.

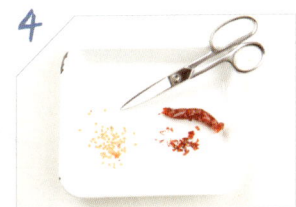

4 말린 고추는 가위로 얇게 채 썰듯 자르고, 고추 씨앗은 따로 빼둔다. 양파는 나박 모양으로 썬다.

5 올리브유를 두른 팬에 준비한 배추와 콩나물, 양파, 말린 고추를 넣어 볶다가 드레싱을 더한다.

6 접시에 남은 배춧속을 한 장씩 놓고 그 위에 ❺의 볶은 채소를 올린다. 삶은 녹두로 토핑해 마무리.

발사믹 갈릭 드레싱

발사믹 식초에 다진 마늘과 올리브유를 더하면 한국인 입맛에 잘 맞는 드레싱이 완성된다. 샐러드는 물론 각종 채소 볶음에도 잘 맞는다.

 발사믹 식초 1/2큰술 +  올리브유 1/2큰술 +  다진 마늘 1/4작은술

 후춧가루 약간 +  소금 약간

+ 간장 드레싱

연두부 샐러드

연두부 위에 삶은 대두, 새싹채소, 무순을 올리고
드레싱만 뿌리면 완성되는 샐러드예요. 한입에 쏘옥
넣으면 연두부의 부드러움과 삶은 대두의 고소함,
새싹채소의 상큼함이 한데 어우러져 입안 가득 행복이
뭉글뭉글 피어 오르지요.

1인분
152Kcal

재료(2인분)
- 연두부 1모(170g)
- 대두 40g
- 새싹채소 1줌(20g)
- 무순 1/2줌(10g)
- 실파 1대

1 대두는 압력솥에 물을 자작하게 부어 삶아 냉장고에 넣어 식힌다.

2 새싹채소과 무순은 씻어 채에 밭치고, 실파는 송송 썬다.

3 사용할 접시나 트레이에 연두부를 2cm 두께로 모양대로 썬다.

4 연두부 위에 준비한 삶아 식힌 대두와, 새싹, 무순, 실파로 장식한 뒤 드레싱을 얹는다.

간장 드레싱

간장 드레싱을 만들 때는 너무 짜지 않도록 주의한다. 레몬즙과 올리브유를 간장의 2배로 넣는 게 포인트다.

레몬즙 1작은술 + 고춧가루 1작은술 + 깨소금 1작은술 + 올리브유 1작은술

다진 마늘 1/2작은술 + 국간장 1/2작은술 + 사탕수수 적당량

+ 고추냉이 드레싱

삼색 롤 샐러드

단촛물로 맛을 낸 현미밥에 각기 다른 재료를 말아 고추냉이 드레싱에 초밥처럼 찍어 먹는 샐러드예요. 현미밥과 깻잎을 깔고 속재료로 구운 가지와 오이, 마를 각각 올려 가지 롤, 오이 롤, 마 롤을 완성합니다.

1인분
282Kcal

재료(2인분)
- 현미밥 1+1/2공기(300g)
- 오이 1/2개(100g)
- 가지 1/2개(70g)
- 마 40g
- 깻잎 4장
- 배추김치 줄기부분 적당량

단촛물
- 꿀 4작은술
- 레몬즙 4큰술
- 소금 약간

1 가지는 길이로 반 갈라 필러로 얇게 슬라이스한 뒤 180℃로 예열한 오븐에서 5분간 굽는다.

2 오이도 가지처럼 필러로 길이 방향으로 썰어 준비한다. 깻잎은 꼭지만 뗀다.

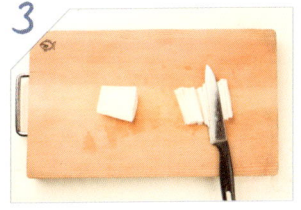

3 마는 껍질을 벗겨 곱게 채 썬다. 김치는 줄기부분만 송송 썬다.

4 볼에 현미밥과 분량의 단촛물을 넣고 조물조물 무친다.

5 삼발이 위에 랩을 깔고 현미밥, 깻잎, 구운 가지 순으로 얹어 돌돌 말아 가지 롤을 만든다. 현미밥, 깻잎 위에 각각 오이와 마를 올려 오이 롤과 마 롤도 완성해 먹기 좋은 크기로 썬다. 송송 썬 김치는 고명으로 얹어 먹는다.

고추냉이 드레싱

톡 쏘는 고추냉이를 넣은 알싸한 드레싱이다. 올리브유를 제외한 모든 재료를 넣고 한데 섞은 뒤 마지막에 올리브유를 넣고 섞어 완성.

고추냉이 10g + 감식초 2큰술 + 다진 양파 1/2큰술 + 물 2작은술

레몬즙 1작은술 + 꿀 1/2작은술 + 올리브유 약간 + 소금 약간

+ 굴소스

표고버섯선 샐러드

말린 표고버섯에 굴소스 채소 샐러드를 넣었어요.
소스에 한데 버무리기보다는 재료를 따로따로 넣고
소스를 위에 얹는 게 보이게도 좋답니다. 어르신을 위한
상차림에 추천하고픈 메뉴예요.

1인분
227Kcal

재료(2인분)
- 말린 표고버섯 8개
- 노랑 파프리카 1/2개(100g)
- 피망 1/2개(70g)
- 당근 1/4개(50g)
- 밤 5개

1 말린 표고버섯은 물에 불렸다가 칼집을 3개씩 넣고 김 오른 찜기에 찐다.

2 파프리카와 피망은 반 잘라 씨를 제거하고 표고버섯 길이에 맞춰 곱게 채 썬다. 당근과 밤도 채 썬다.

3 쪄낸 표고버섯의 칼집 사이사이에 준비한 재료를 넣는다.

4 소스를 만들어 그 위에 뿌리거나 따로 찍어 먹는다.

궁소스

재료를 모두 넣고 끓이다가 어느 정도 자작해지면 전분가루를 더한다. 달짝지근한 맛이 싫다면 조청의 양을 줄이거나 넣지 않아도 된다.

말린 고추 3~4개 + 배즙 1개 분량 + 다진 파 2큰술 + 조청 1큰술

다진 양파 1큰술 + 다진 마늘 1큰술 + 진간장 2작은술 + 생강즙 2작은술

전분가루 1작은술

+ 키위 오디청 드레싱

다시마말이 샐러드

신선한 바다내음이 가득한 다시마를 샐러드 재료로 활용했어요. 파프리카, 토마토, 팽이버섯, 미나리를 데친 다시마에 싸서 신선한 드레싱에 찍어 드셔 보세요. 살아 있는 자연의 맛 그대로예요.

1인분
79Kcal

재료(2인분)
- 다시마 50g
- 토마토 1개(130g)
- 노랑 파프리카 1/2개(100g)
- 팽이버섯 50g
- 미나리 30g

1
다시마는 끓는 물에 데쳐 10cm 길이로 썬다.

2
팽이버섯은 밑동을 제거하고 먹기 좋게 손으로 찢는다.

3
토마토는 팽이버섯 길이에 맞춰 굵게 썬다.

4
노랑 파프리카는 반 잘라 씨를 제거하고 채 썬다. 미나리는 잎과 줄기를 나눠 줄기는 끓는 물에 살짝 데친다.

5
데친 다시마에 팽이버섯, 토마토, 노랑 파프리카, 미나리 잎을 얹고 돌돌 말아 데친 미나리 줄기로 묶는다.

키위 오디청 드레싱

그린 키위는 껍질을 깎은 뒤 강판에 갈아 즙을 내고, 볼에 그린 키위즙과 오디청 만드는 법 017페이지 과 레몬즙을 넣어 섞는다.

 +  +

그린 키위 1개   오디청 4큰술   레몬즙 1+1/2큰술

+ 땅콩 드레싱

파인애플 페이퍼 롤 샐러드

'월남쌈'이라 불리는 페이퍼 롤도 식탁 위에 즐겨 올리는 메뉴입니다. 롤 페이퍼 속에 싱싱한 샐러드를 듬뿍 넣고 직접 만든 땅콩 드레싱을 곁들이면 되지요. 고기 대신 두부로 담백한 맛을 내 보세요.

1인분
555Kcal

재료(2인분)
- 오이 1개(200g)
- 두부 1/3모(100g)
- 양파 1/2개(100g)
- 비트 1/4개(40g)
- 파인애플 1/4개
- 새싹채소 1줌(20g)
- 무순 1줌(20g)
- 라이스페이퍼 10장

1 오이는 길이로 얇게 썰고, 두부도 같은 굵기로 썬다.

2 파인애플과 비트, 양파도 채 썰듯 같은 굵기로 썬다. 무순과 새싹채소로 준비한다.

3 드레싱을 만든다. 껍질 벗긴 땅콩을 곱게 다지거나 간 뒤 마요네즈 드레싱과 믹스한다.

4 접시에 준비한 채소를 고루 담고, 뜨거운 물에 라이스페이퍼를 적셔 적당량의 채소를 올려 드레싱을 곁들여 먹는다.

땅콩 드레싱

땅콩을 칼로 곱게 다져 가루를 낸다. 볼에 올리브유, 파인애플 즙, 소금을 넣어 거품기로 잘 섞은 뒤 땅콩가루를 넣고 한 번 더 섞는다.

 +  +  +

땅콩 90~100g / 파인애플 즙 6큰술 / 올리브유 2큰술 / 소금 약간

+ 굴소스

밀고기말이 샐러드

밀고기 반죽을 얇게 펴서 단호박 아스파라거스 굴소스 샐러드를 넣어 롤처럼 만들었어요. 드레싱을 밀고기에 펴 바르는 게 포인트이지요. 오븐 대신 팬을 이용할 때는 단호박은 좀 더 얇게 썰어주세요.

1인분
280Kcal

재료(2인분)

- 쇠고기맛 밀고기 반죽 60g
- 단호박 1/4통
- 아스파라거스 30g
- 마늘 10쪽
- 이탈리안 파슬리 약간
- 포도씨유 약간

쇠고기맛 밀고기 (200g 기준)

- 글루텐가루 1컵(100g)
- 물 3/4컵(150ml)
- 비트 20g
- 양파 20g
- 검은콩 10g
- 표고버섯 10g
- 느타리버섯 10g
- 백만송이버섯 10g
- 팽이버섯 5g
- 잣 10g
- 호두 10g

1 밀고기는 분량의 재료로 반죽을 만든다. 만드는 법 217페이지

2 단호박은 씨를 발라낸 뒤 반달 모양으로 편 썬다. 아스파라거스는 필러로 껍질을 벗긴다.

3 팬에 ❷의 단호박과 아스파라거스, 마늘을 올려 앞뒤로 굽는다.

4 밀고기 반죽을 베이컨 모양으로 길게 펴 기름을 두른 팬에 굽는다.

5 구운 밀고기 위에 굴소스를 바르고 단호박, 아스파라거스를 넣고 돌돌 만 뒤 장식용 이탈리안 파슬리 잎을 얹고 통마늘을 곁들여 먹는다.

굴소스

전분가루를 제외한 재료를 모두 넣고 끓이다가 국물이 어느 정도 자작해지면 전분가루를 더해 되직한 소스를 완성한다.

 말린 고추 3~4개 +  배즙 1개 분량 +  다진 파 2큰술 +  조청 1큰술

 다진 양파 1큰술 +  다진 마늘 1큰술 +  진간장 2작은술 +  생강즙 2작은술

 전분가루 1작은술

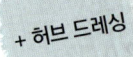 + 허브 드레싱

고구마 유자청 샐러드

달콤한 고구마에 유자청을 더하면 맛은 물론 향기까지 좋아지죠.
손으로 고구마를 들고 먹을 수 있어 아이들 간식으로도
안성맞춤이에요. 허브 드레싱으로 버무린 로즈를 곁들이면
일품요리로도 손색없죠.

1인분
527Kcal

재료(2인분)
- 고구마 2개(400g)
- 로즈 1/2줌(10g)
- 이탈리안 파슬리 약간
- 유자청 1큰술
- 잣가루 조금

1 고구마를 길이로 반 잘라 김이 오른 찜기에 넣어 찐다.

2 고구마의 모양을 유지하면서 속을 파서 한데 모은다.

3 유자청의 건더기를 잘게 썰어 ❷의 속과 버무려 다시 고구마 속으로 넣고 그 위에 잣가루를 토핑한다.

4 잣가루를 토핑한 고구마 위에 남은 유자청을 발라주고 180℃로 예열한 오븐에서 5분 굽는다.

5 분량의 재료를 섞어 드레싱을 만들어 손으로 뜯은 로즈와 곁들인다.

허브 드레싱

모든 재료를 섞어 믹스한다. 생 파슬리 잎이나 바질 잎이 없을 때는 시중에 파는 파슬리가루나 바질가루로 대체한다.

파슬리 잎 3g (또는 파슬리가루) + 바질 잎 3g (또는 바질가루) + 레몬즙 3큰술

올리브유 3큰술 + 꿀 2큰술 + 소금 약간

+ 메이플 드레싱

완자 샐러드

밥 대신 먹기 좋은 샐러드예요. 녹두와 검은콩을 넣고 현미찹쌀밥을 지어 완자를 만들었답니다. 호박씨랑 다진 아몬드에 완자를 둥글려 오븐에서 구워내 아이들 간식으로도 그만이지요.

1인분
460Kcal

재료(2인분)
- 현미 80g
- 현미찹쌀 80g
- 녹두 15g
- 검은콩 15g
- 호박씨 8g
- 아몬드 8g
- 아스파라거스 40g
- 올리브유 1작은술

1 현미와 현미찹쌀을 섞어 녹두, 검은콩을 넣고 밥을 짓는다. 밥이 식으면 절구에 찧어서 둥글게 완자를 빚는다.

2 아몬드는 굵게 다져 접시에 호박씨와 함께 놓고 동글게 빚은 완자를 굴려 고루 묻힌다.

3 오븐을 180℃로 예열시켜 견과류를 묻힌 완자를 노릇해질 때까지 8~10분간 굽는다.

4 아스파라거스는 딱딱한 밑동을 잘라낸 뒤 필러로 껍질을 벗겨 올리브유를 뿌려 오븐에 살짝 굽는다. 드레싱을 만들어 곁들인다.

메이플 드레싱

양파와 마늘을 다져 메이플 시럽과 레몬즙에 섞는다. 이후 올리브유를 넣고 기름이 분리되지 않도록 거품기로 휘핑한다. 마무리로 소금 간한다.

메이플 시럽 2큰술 + 레몬즙 1/2작은술 + 다진 양파 1/2작은술
다진 마늘 1/2작은술 + 올리브유 약간 + 소금 약간

잠시 마실 온 이웃부터 멀리 타지에서 찾아온 손님들까지…
1년 내내 우리 집을 찾는 손님상에 선보이는 샐러드를 모아
보았습니다. 무겁지 않아 부담 없이 즐길 수 있고, 모양새도 좋아
자랑스럽게 내놓을 수 있는 샐러드입니다.

DISH 5 손님맞이 샐러드

+ 신선초 뿌리 드레싱

삼색 두부 샐러드

집에서 만든 두부에 간단한 샐러드를 더하면 어떨까요? 당근 즙과 시금치 즙으로 알록달록한 삼색 두부를 만들었습니다. 여기에 오렌지와 신선초를 곁들여 신선초 뿌리 드레싱과 함께 내니 건강한 기운이 가득하네요.

1인분
592Kcal

재료(2인분)
- 대두 200g
- 시금치 2줌(80g)
- 당근 1+1/2개(300g)
- 신선초 1줌(50g)
- 오렌지 1개
- 간수 1큰술

1

대두는 깨끗이 씻어 잘 일어서 6시간 이상 불린 후 그 국물과 같이 믹서에 곱게 간다. 이후 자루에 담고 치대 콩물만 받는다.

2

시금치와 당근도 믹서에 갈아 즙을 낸 뒤 ❶의 콩물에 각각 넣어 섞는다.

3

섞인 콩물을 한소끔 끓인다. 파르르 끓으면 간수를 부어 불을 끄고 뚜껑을 닫아 뜸을 들인다. 베 보자기를 깔고 사각 틀에 끓인 두부를 부어서 굳어질 때까지 둔다. 만드는 법 218페이지

4

신선초는 잎만 따고, 오렌지는 과육을 분리해 드레싱과 버무려 모양대로 썬 두부와 함께 낸다.

신선초 뿌리 드레싱

신선초를 뿌리째 믹서에 갈아 베 보자기에 넣고 즙을 낸다. 신선초 뿌리 즙과 나머지 재료를 넣어 섞는다.

신선초 뿌리 (또는 신선초 잎) 1줌 + 올리브유 1큰술 + 가루간장 2작은술 or 국간장 2작은술

포도식초 1작은술 + 다진 마늘 1작은술 + 말린 고추 조금

+ 레몬 생강 드레싱

톳 생채 샐러드

싱싱한 해초류와 두부, 채소로 맛을 낸 샐러드예요. 톳은 식감도 좋아 샐러드 재료로 사용하기 좋지요. 톳을 살짝 데쳐 접시 중앙에 놓고, 치자 물로 색을 입힌 두부와 채소를 빙 둘러 담으면 보기에도 근사해요.

1인분 147Kcal

재료(2인분)
- 톳 2줌(250g)
- 두부 2/3개(200g)
- 무 1/3개(150g)
- 자색양파 1/2개(60g)
- 새싹채소 1줌(20g)
- 치자 물 적당량
- 포도씨유 약간

1. 두부는 반 잘라 1cm 두께로 잘라 치자 물에 5분간 담가 색을 입힌다.

2. 톳은 깨끗이 정리해 6cm 길이로 잘라 끓는 물에 살짝 데친다. 무는 같은 길이로 채 썬다.

3. 자색양파도 채 썰어 찬물에 담가 매운 맛을 없앤다.

4. 치자 물을 들인 두부를 기름 두른 팬에서 살짝 앞뒤로 굽는다. 접시 가운데 톳을 올리고, 구운 두부와 자색양파, 무, 새싹채소를 둘러 담아 드레싱을 부어 섞어 먹는다.

레몬 생강 드레싱

생강즙과 레몬즙이 상큼하게 어울린다. 볼에 모든 재료를 넣고 섞는다. 사탕수수는 입맛에 따라 그 양을 조절해도 된다.

레몬즙 2큰술 + 다진 마늘 2작은술 + 사탕수수 2작은술

생강즙 1작은술 + 고운 고춧가루 1작은술 + 소금 약간

+ 달래 간장 드레싱

연근밥 묵 샐러드

색다른 밥과 묵 샐러드를 함께 세팅했습니다. 연근 속에 밥을 채워 찜기에 쪄 내고, 신선한 도토리묵과 오이를 드레싱에 버무렸어요. 묵 샐러드에 유채꽃 한 송이 올리니 식탁이 환히 살아난답니다.

1인분
466Kcal

재료(2인분)
- 연근 180g
- 현미 90g
- 현미찹쌀 90g
- 치자 물 1+1/2컵
- 김밥용 김 1/2장

도토리묵 무침
- 도토리묵 200g
- 오이 1/3개(약 70g)
- 쑥갓 30g
- 유채꽃(또는 식용꽃) 약간

1 현미와 현미찹쌀을 고루 섞은 뒤, 치자 물을 넣어 밥을 짓는다.

2 연근은 1cm 두께로 썰고, 연근의 구멍 사이사이에 ❶의 밥을 넣는다.

3 치자 물로 지은 현미밥으로 채운 연근을 김이 오른 찜기에 넣고 찐다. 김밥용 김을 잘게 찢어 찐 연근밥 위에 토핑한다.

4 도토리묵과 쑥갓은 먹기 좋게 썰고, 오이는 반달 모양으로 썰어 드레싱과 버무린다. 그릇에 담고 유채꽃을 올린다.

달래 간장 드레싱

달래는 곱게 송송 썬다. 볼에 송송 썬 달래와 나머지 재료를 넣어 고루 섞는다.

달래 10g + 채소국물 1큰술 + 아마씨유 1작은술

레몬즙 1작은술 + 고춧가루 1작은술 + 가루간장 1/2작은술 or 진간장 1/2작은술

다진 마늘 1/2작은술 + 깨소금 조금 + 다진 파 약간

+ 민트 망고 드레싱

시금치 샐러드

모양새가 예뻐 격식이 필요한 상차림에 자주 선보이는 샐러드예요. 시금치와 삶은 콩의 조화가 색다르지요. 레몬즙과 망고 즙, 오이피클을 섞은 민트 망고 드레싱도 특별한 맛을 내지요.

1인분 120Kcal

재료 (2인분)
- 시금치 40g
- 매화양대콩 30g
- 방울토마토 6개
- 호박씨 10g

1

매화양대콩을 삶는다. 일반 냄비에서 삶을 때는 뜸 들이는 시간을 충분히 갖는다.

2

방울토마토는 살짝 데쳐 껍질을 벗긴다.

3

시금치는 잎과 줄기 통째로 준비한다. 호박씨 말린 것을 체에 밭쳐 먼지를 턴다.

4

드레싱을 만든다. 망고는 잘게 잘라 즙을 내고 오이피클을 만든다. 접시에 시금치를 잘 펴서 깔고 그 위에 삶은 콩과 토마토, 드레싱을 올린다.

민트 망고 드레싱

레몬과 망고는 즙을 내고, 양파와 마늘, 오이피클은 다진다. 모두 섞고 소금과 후춧가루로 간하며 젓는다.

망고 1개(80g) + 다진 양파 1작은술 + 레몬즙 1작은술 + 다진 마늘 1/2작은술

민트 조금 + 후춧가루 약간

다진 오이피클 = { 오이 1/2개(100g) + 레몬즙 1큰술 + 꿀 1큰술 + 소금 약간 }

+ 살구 초장 드레싱

밤 대추 묵 샐러드

귀한 손님이 오시는 날에는 한천을 꺼내어 묵을 만들지요. 손님의 나이와 취향을 고려해 재료를 골라요. 오늘은 밤과 대추, 버섯을 넣은 묵을 만들어 보았어요. 미나리를 살구 초장 드레싱에 버무려 정성껏 만든 묵과 함께 올립니다.

1인분
269Kcal

재료(2인분)
- 말린 표고버섯 20g
- 말린 목이버섯 10g
- 밤 12개
- 대추 2~3개
- 미나리 줄기 80g
- 한천 10g

1. 말린 표고버섯과 목이버섯은 물에 불린 뒤 물기를 꼭 짜서 채 썬다. 대추는 돌려 깎아 씨를 제거한 뒤 아주 곱게 채 썰고, 밤도 같은 크기로 채 썬다.

2. 압력솥에 준비한 재료와 한천을 넣어 약한 불에서 뭉글뭉글 끓인다.

3. ❷를 용기에 담아 냉장고에서 2시간 굳힌다.

4. 젤리 타입으로 굳은 묵은 5×3cm 크기로 썬다.

5. 미나리 대는 3cm 길이로 썰어 초장 드레싱에 버무린다. 그릇에 버무린 미나리를 깔고 그 위에 완성된 묵을 올려 먹는다.

살구 초장 드레싱

살구는 껍질을 벗겨 반 갈라 씨를 제거한 뒤 잘게 썬다. 분량의 재료와 함께 섞어 드레싱을 완성한다.

살구 1개 100g + 고추장 6큰술 + 매실청 4큰술

다진 마늘 1큰술 + 다진 파 1/2큰술

+ 토마토 감식초 드레싱

호박밥 나물 샐러드

격식을 차려 모셔야 하는 손님상에는 특별한 샐러드에 도전해 보세요. 호박밥을 지어 세발나물 샐러드와 함께 냈어요. 현미, 현미찹쌀, 기장, 강낭콩으로 밥을 지어 속을 파낸 호박에 넣어 오븐에 구워냅니다. 감식초 드레싱에 무친 세발나물 샐러드와 잘 어울리지요.

1인분
416Kcal

재료(2인분)
- 누렁호박 1/2통(700g)
- 현미 100g
- 현미찹쌀 80g
- 기장 20g
- 강낭콩 10g
- 세발나물 50g
- 양파 1/4개(50g)

1 누렁호박은 반 갈라 속을 파내고, 현미와 현미찹쌀, 기장, 강낭콩으로 밥을 짓는다.

2 파낸 호박의 살 부분만 깍둑 모양으로 썬다.

3 지은 밥과 ❷의 깍둑 썬 호박 속을 함께 섞어 호박에 넣는다.

4 호박 속이 채워지면 김 오른 찜기에 넣어 10분간 찐다.

5 세발나물은 밑동을 자르고 양파와 파프리카를 채 썰어 드레싱에 버무린다. 그 위에 호박밥을 세팅한다.

토마토 감식초 드레싱

토마토에 십자 모양의 칼집을 넣어 데친 뒤 껍질을 벗기고, 감식초와 올리브유, 소금을 넣고 믹서에 간다.

 토마토 1개 +  감식초 2큰술

 올리브유 1/2큰술 +  소금 약간

+ 매운 고추
드레싱

삼색 튀김 샐러드

튀김요리는 샐러드와 잘 어울리는 궁합이지요. 아삭한 튀김에
신선한 채소를 샐러드로 곁들여 보세요. 튀김옷에 애플민트,
로즈마리 등의 허브를 넣으면 향은 물론 맛도
색다른 튀김이 된답니다.

1인분
379Kcal

재료(2인분)
- 인삼 2뿌리
- 쑥 20g
- 단호박 70g
- 래디쉬 20g
- 민트 15g
- 튀김용 기름 적당량

튀김옷 반죽
- 밀가루 60g
- 전분가루 30g
- 물 100ml
- 소금 1/4작은술

1
인삼은 통으로 준비하고 쑥은 물기만 털어 준비한다. 단호박은 4등분해 씨를 바르고 0.5cm 굵기로 편 썬다. 민트와 로즈마리도 조금씩 준비한다.

2
준비한 인삼, 단호박, 쑥에 밀가루를 앞뒤로 묻힌 뒤 한 번 털어내 튀김옷이 잘 입히도록 준비한다.

3
볼에 밀가루, 전분가루, 물, 소금을 넣고 튀김옷을 만든다.

4
인삼, 쑥에 튀김옷을 입혀 튀긴 뒤 남은 튀김옷에 로즈마리를 채 썰어 넣고 섞어 단호박에 옷을 입혀 튀긴다.

5
래디쉬는 얇게 편 썰어 튀긴 삼색튀김과 곁들여 먹는다.

매운 고추 드레싱

말린 고추는 가위로 잘게 잘라 남은 재료와 함께 섞는다. 매콤한 맛을 더 내고 싶다면 말린 고추의 양을 더한다.

말린 홍고추 2개 + 포도식초 2큰술 + 다진 파 1큰술 + 올리브유 1큰술

다진 마늘 1/2큰술 + 사탕수수 2작은술 + 가루간장 1작은술 or 진간장 1작은술 + 소금 약간

+ 시나몬 드레싱

대추곶감 샐러드

손님상에 식후 내놓기 좋은 샐러드입니다. 별다른 준비 없이 곶감에 대추와 밤을 채 썰어 넣고 돌돌 감았지요. 구운 은행과 함께 먹으면 달콤하면서도 고소하답니다. 시나몬 드레싱을 바나나에 버무려 먹어도 좋고, 대추곶감 샐러드에 뿌려 먹어도 맛나지요.

1인분
597Kcal

재료(2인분)
- 대추 6개
- 곶감 10개
- 밤 6개
- 은행 8알(15g)
- 미나리 30g
- 바나나 1개

1. 은행은 기름을 두르지 않은 팬에서 볶는다.

2. 곶감은 돌려 깎아 씨앗을 분리한 뒤 직사각형으로 편다.

3. 대추와 밤은 길이대로 채 썬다. 미나리는 잎과 줄기를 분리해 줄기는 끓는 물에 살짝 데친다.

4. ❷의 곶감에 채 썬 대추와 밤을 넣고 돌돌 말아 미나리 줄기로 고정시킨다.

5. 바나나를 먹기 좋은 크기로 썰어 드레싱과 곁들여 미나리 잎을 장식으로 올린다.

시나몬 드레싱

계피 물 1/2컵 = 계피 60g + 말린 대추 20개 + 물 2000ml

조청 5큰술 + 잣 약간

분량의 물에 계피와 말린 대추를 넣어 계피 물을 우려낸 뒤, 조청을 넣어 섞는다. 이후 통잣을 넣는다.

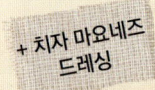

튀긴 곤약 샐러드

+ 치자 마요네즈 드레싱

곤약은 저열량 식품으로 인기 있지만 다양하게 맛내기가 쉽지 않은 식재료이지요. 곤약을 기름에 살짝 튀겨 링 모양으로 썬 양파와 곁들여 보세요. 튀김요리이면서도 열량이 높지 않아 부담없이 먹기 좋은 샐러드가 된답니다.

1인분
207Kcal

재료 (2인분)
- 곤약 1/2개(300g)
- 양파 1개(200g)
- 쪽파 약간
- 전분가루 3큰술
- 우리통밀가루 3큰술
- 후춧가루 약간
- 소금 약간
- 튀김용 기름 적당량

1 곤약은 3등분해 0.8~1cm 폭으로 자른다.

2 곤약 가운데에 칼집을 넣어 한쪽 끝을 구멍으로 집어 넣어 타래 모양을 만든다.

3 전분가루와 우리통밀가루를 섞어 소금 간을 더해 ❷의 곤약에 고루 버무린다.

4 양파는 얇게 원형 그대로 슬라이스하고, 쪽파는 송송 썬다.

5 튀김용 팬에 기름을 넣고 끓이다 ❸ 곤약을 넣고 튀겨 슬라이스한 양파와 드레싱과 함께 낸다.

치자 마요네즈 드레싱

마요네즈 드레싱 2큰술 = 캐슈너트 1/2컵 + 레몬즙 1/2큰술 + 꿀 1/2큰술 + 올리브유 1/2큰술 + 물 1/2큰술 + 소금 약간

+ 치자 물 1큰술 + 포도식초 1큰술

고소한 마요네즈 드레싱 만드는 법 011페이지 에 치자 물과 포도식초를 더한 드레싱. 모든 재료를 한데 넣고 한쪽 방향으로 섞는다.

+ 셀러리 레몬 드레싱

스파이시 치킨맛 샐러드

오랜만에 찾은 손님을 위해 색다른 샐러드를 준비해 보았어요. 닭고기맛 밀고기 반죽으로 만든 스파이시 치킨맛 샐러드예요. 셀러리를 썰어 넣은 레몬 드레싱과 곁들여 먹으면 매콤하면서 새콤한 맛이 일품이지요.

1인분 295Kcal

재료(2인분)
- 닭고기맛 밀고기 반죽 80g
- 땅콩 20g
- 양파 25g
- 대파 20g
- 말린 고추 3개
- 마늘 4쪽
- 조청 2큰술
- 고춧가루 2작은술
- 카레가루 약간
- 튀김용 기름 적당량

닭고기맛 밀고기(200g 기준)
- 글루텐가루 1컵(100g)
- 캐슈너트 30g
- 대두 15g
- 호박씨 10g
- 아몬드 10g
- 양파 20g
- 표고버섯 10g
- 느타리버섯 10g
- 백만송이버섯 10g
- 팽이버섯 5g

1 분량의 재료로 닭고기맛 밀고기 만드는 법 217페이지를 반죽한다. 반죽에 카레가루를 첨가한 뒤 50원 동전 크기로 작게 빚는다.

2 동글게 빚은 카레 닭고기맛 밀고기 반죽을 기름을 넉넉히 두른 팬에서 한 번 튀긴다.

3 초벌로 튀긴 밀고기를 한숨 식히고, 땅콩은 반만 다지고 대파와 말린 고추, 양파는 잘게 썰어 조청을 넣어 양념을 만든다.

4 팬에 ❸의 모두를 넣고 한 번 볶는다. 남은 땅콩을 위에 솔솔 뿌린다.

5 소금으로 간한 레몬즙에 셀러리를 송송 썰어 넣어 드레싱을 만든 뒤, 함께 곁들인다.

셀러리 레몬 드레싱

셀러리를 채 썰어 분량의 레몬즙에 재운다. 소금으로 간하고 드레싱을 사용할 때 즙과 셀러리를 함께 사용한다.

 셀러리 50g +  레몬즙 2큰술 +  소금 약간

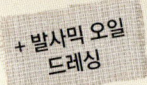
+ 발사믹 오일 드레싱

구운 뿌리채소 샐러드

건강에 좋은 뿌리채소를 모아 색다른 샐러드를 만들었어요. 만드는 방법도 간단해 즐겨하는 요리예요. 각각의 뿌리채소의 맛과 향이 살도록 드레싱은 심플한 발사믹 오일을 골랐습니다.

1인분 261Kcal

재료(2인분)

- 연근 150g
- 야콘 150g
- 당근 1/2개(100g)
- 양파 1/2개(100g)
- 비트 1/2개(80g)
- 셀러리 줄기 20g
- 마늘 3쪽
- 올리브유 1큰술
- 후춧가루 약간
- 소금 약간

1 뿌리채소는 잔뿌리를 정리해 0.5cm 두께로 둥근 모양으로 슬라이스한다.

2 양파는 링 모양으로 슬라이스하고 마늘은 편 썬다.

3 준비한 재료에 올리브유를 버무린 뒤 소금과 후춧가루를 뿌려 간한다.

4 180℃로 예열한 오븐에 오일로 버무린 뿌리채소를 넣고 5~10분간 구워 드레싱과 함께 낸다.

발사믹 오일 드레싱

발사믹 식초와 올리브유의 비율을 2:1로 넣고 섞는다. 요리 분량이 늘어나면 비율만 지켜 양을 늘린다.

발사믹 식초 1큰술

+

올리브유 1/2큰술

+ 고추냉이 초장 드레싱

버섯 숙회 샐러드

향도 좋고 식감도 좋은 버섯을 숙회로 즐겨 보면 어떨까요? 다양한 종류의 버섯을 모두 한데 넣고 찐 뒤, 채소 샐러드와 함께 냈어요. 먹기 직전에 서로 섞어 먹으면 입안에 버섯의 향이 가득 남아요.

1인분
167Kcal

재료(2인분)

- 새송이버섯 2개(90g)
- 느타리버섯 1줌(50g)
- 맛느타리버섯 1줌(50g)
- 흰색 백만송이버섯 40g
- 갈색 백만송이버섯 40g
- 팽이버섯 40g
- 말린 목이버섯 10g
- 표고버섯 1개(25g)
- 곤약 50g
- 양파 1/3개(약 70g)
- 깻잎 10g
- 미나리 10g
- 소금 약간

1. 버섯을 각각 다듬어 먹기 좋은 크기로 썰거나 손으로 찢는다.

2. 끓는 물에 소금을 조금 넣어 김이 오르면 준비한 버섯을 찜기에 올려 빠른 시간에 쪄어 냉장고에서 차게 식힌다.

3. 곤약은 버섯 길이에 맞춰 썰어 끓는 물에 데친다.

4. 깻잎과 양파는 채 썰고, 미나리도 양파 길이 맞춰 썬다. 준비된 채소를 드레싱과 한데 무쳐 접시 중앙에 올리고 빙 둘러 버섯을 종류별로 놓는다.

고추냉이 초장 드레싱

고추장에 레몬과 매실청, 깨소금, 다진 실파와 함께 넣은 뒤, 고추냉이가루를 섞는다.

고추장 4큰술 + 레몬즙 2큰술 + 매실청 4작은술 + 마늘 즙 1작은술

생강즙 1작은술 + 깨소금 1작은술 + 다진 실파 1작은술 + 고추냉이가루 1/2작은술

〈자연생활의 집〉에서는 식사 시 항상 과일이
올라갑니다. 식사에서 놓치기 쉬운 비타민, 무기질
등의 영양소를 충분히 섭취하기 위해서이지요. 평소
식사 시 과일을 함께 먹기 어렵다면 식후에라도
다양한 과일 샐러드를 즐겨 보세요. 후식으로 먹기
부담없는 샐러드 메뉴만을 모았습니다.

DISH 6 디저트 샐러드

+ 과일 시럽

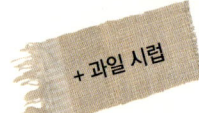

과일찜 샐러드

종종 설 익은 과일을 먹고 배탈이 나는 경우가 있지요. 이럴 땐 과일찜 샐러드에 도전해 보세요. 과일을 그대로 넣고 푹 끓이면 귀한 샐러드가 완성되지요. 귀한 과일에서 수분이 나오므로 물 없이 익히는 게 포인트예요.

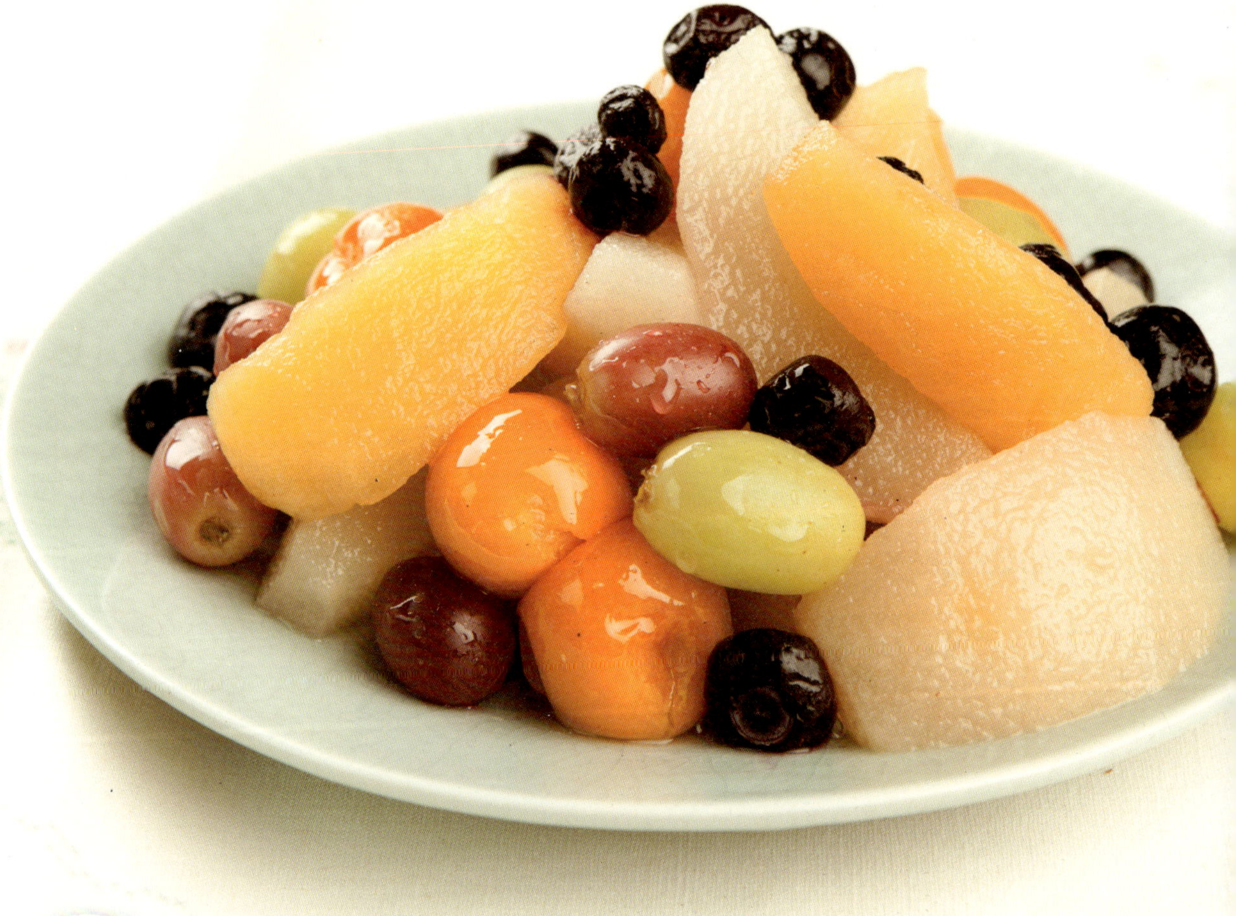

1인분
333Kcal

재료(2인분)
- 배 1개(400g)
- 사과 1개(200g)
- 금귤 6개(90g)
- 청포도 6알
- 적포도 6알

1. 배와 사과는 가운데 심 부분을 빼고 껍질을 벗겨 웨지 모양으로 자른다.

2. 금귤과 청포도는 껍질째 사용하므로 깨끗이 씻는다.

3. 냄비에 준비한 사과와 배, 금귤, 포도를 넣고 익힌다.

4. 과일에서 나온 물이 자작해지면 불을 끈다.

5. 과일에서 나온 과일 물만 덜어 꿀을 섞어 드레싱을 만든다. 남은 과일은 접시에 올린다.

과일 시럽

과일찜에서 나온 과일 물에 꿀을 섞어 냄비에 조린다. 끈끈한 시럽 형태가 되면 완성. 너무 되직하지 않도록 주의한다.

 +

과일 물(전량)   꿀 4큰술

+ 오디청 민트 드레싱

채소 화채 샐러드

주로 과일로 만들어 먹는 화채를 채소를 이용해 만들었어요.
화채용 재료를 고를 때는 가지, 오이, 파프리카, 방울토마토처럼
수분이 많은 채소가 적당하지요. 오디청이나 매실청을 섞은
드레싱과 잘 어울려요.

1인분
31Kcal

재료(2인분)

- 가지 1/3개(약 45g)
- 오이 1/5개(40g)
- 노랑 파프리카 1/5개(40g)
- 빨강 파프리카 1/5개(40g)
- 방울토마토 4개

1. 가지와 오이는 껍질째 1×3cm 크기로 썰고 방울토마토는 통째로 준비한다.

2. 파프리카는 반 잘라 씨를 제거한 뒤 가지와 같은 크기로 썬다.

3. 볼에 드레싱과 준비한 재료를 모두 넣어 화채를 완성한 뒤 냉장고에 넣고 차게 두고 먹는다.

오디청 민트 드레싱

오디청 만드는 법 017페이지에 생수를 붓고 섞고 애플민트를 띄운다. 새콤달콤한 오디의 맛이 채소 화채와 잘 어울린다. 오디청 대신 매실청을 이용해도 좋다.

오디청 40g + 애플민트 2장 + 생수 1+1/2컵

+ 레몬 사과 드레싱

튀긴 사과 샐러드

우리 집 식탁에서는 언제나 과일이 빠지지 않습니다. 그만큼 과일이 건강에 좋기 때문이지요. 매일 과일 메뉴를 연구하다보니 새로운 시도를 하게 되는데, 튀긴 사과 샐러드도 그중 하나입니다. 사과는 굽거나 튀기면 단맛이 더 강해져 꿀맛이 된답니다.

1인분
212Kcal

재료 (2인분)

- 사과 1개(200g)
- 양상추 3~4장(30g)
- 치커리 6~7장(30g)
- 방울토마토 3개
- 애플민트 약간
- 우리통밀가루 3큰술
- 전분가루 3큰술
- 시나몬파우더 조금
- 튀김용 기름 적당량

1 사과는 중앙에 홈을 파서 웨지 모양으로 껍질째 자른다.

2 분량의 우리통밀가루와 전분가루를 섞어 사과에 고루 묻힌다.

3 기름을 끓인 팬에 ❷의 사과를 넣어 표면이 노릇해질 때까지 튀겨 망에 올려 기름을 뺀다.

4 방울토마토는 반 자르고, 양상추와 치커리는 3~4cm 길이로 썬다. 허브는 씻어서 드레싱과 함께 낸다.

레몬 사과 드레싱

사과는 껍질을 깎아 잘게 다져서 레몬즙과 섞는다. 마지막에 아가베 시럽을 넣고 한 번 더 섞는다.

사과 40g + 아가베 시럽 2큰술 + 레몬즙 1큰술

+ 녹차 드레싱

말린 과일 샐러드

과일은 건조시키면 당도가 훨씬 높아지죠. 비타민과 미네랄이 풍부해져 영양적으로도 훌륭하지요. 과일이 상하기 전에 얇게 썰어 햇볕에 말려 보세요. 온가족의 좋은 간식거리가 된답니다.

1인분
226Kcal

재료(2인분)
- 사과 1개(200g)
- 고구마 1개(200g)
- 블루베리 15개(30g)

1 파인애플은 길이로 반 잘라 껍질을 깎고 반달 모양으로 편 썬다.

2 사과는 흐르는 물에 깨끗이 씻어 반 잘라 껍질째 편 썬다.

3 편 썬 사과를 건조기에 넣어 건조시킨다.

4 건조기에 파인애플과 블루베리를 넣고 건조시킨다.

5 고구마는 껍질을 깎고 툭툭 썰어 오븐에 굽는다. 모두 한데 모아 드레싱과 곁들여 먹는다.

녹차 드레싱

녹차가루에 포도식초, 올리브유를 더해 고루 섞는다. 유자청 만드는 법 017페이지 을 넣고 한 번 더 섞은 뒤, 소금으로 간한다.

유자청 70g + 포도식초 1작은술 + 녹차가루 1/2작은술
소금 약간 + 올리브유 약간

+ 아가베 잣 드레싱

통팥 샐러드

팥으로 만든 샐러드입니다. 얼음 대신 꽁꽁 얼린 바나나가 입안을 시원하게 해주지요. 시원한 맛을 더 내고 싶다면 조청에 조린 통팥을 차갑게 보관했다가 드세요.

1인분
546Kcal

재료 (2인분)

- 통팥 1컵(150g)
- 바나나 1개
- 딸기 4개
- 현미 떡볶이 떡 4~5개(60g)
- 아몬드 10g
- 조청 4큰술
- 소금 약간

1

팥은 압력솥에 푹 삶는다. 푹 삶아야 소화도 잘 된다.

2

바나나는 껍질을 벗겨 랩으로 싸 냉동실에 얼린다.

3

압력솥에 삶은 팥을 조청과 소금을 넣고 졸인다.

4

현미 떡볶이 떡을 기름 없는 팬에서 살짝 굽는다. 아몬드는 굵게 다진다.

5
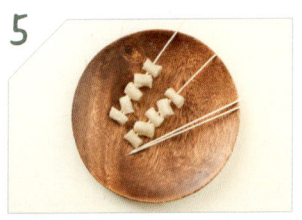
구운 떡은 작게 잘라 꼬지에 끼워 현미 조랭이 떡꼬치를 만든다. 딸기도 먹기 좋게 썬다.

6

❷의 얼린 바나나를 꺼내 먹기 좋게 썰어 드레싱과 버무린다. 그릇에 통팥을 깔고 버무린 바나나와 딸기, 떡꼬치를 올린 뒤 다진 아몬드를 솔솔 뿌린다.

아가베 잣 드레싱

곱게 다져 가루를 낸 잣을 아가베 시럽과 섞는다. 고소하면서도 달콤해 아이들 간식에도 잘 어울린다.

아가베 시럽 1큰술

+

잣가루 1작은술

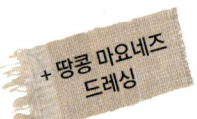
+ 땅콩 마요네즈 드레싱

파인애플 샐러드

파인애플은 구워 먹기 좋은 과일이지요. 파인애플 속을 파내 블루베리, 건포도, 파인애플 과육을 섞은 뒤, 드레싱을 발라 오븐에 구웠어요. 깍둑 썬 재료들을 아예 땅콩 드레싱에 버무려 넣고 오븐에 구워도 맛있어요.

1인분
360Kcal

재료(2인분)
- 파인애플 1개
- 블루베리 15개(60g)
- 건포도 10g

1. 파인애플을 반 잘라 숟가락으로 속을 파낸다.

2. 파인애플 속을 1×1cm로 깍둑 썬다.

3. 속을 파낸 파인애플 통에 깍둑 썬 파인애플, 블루베리, 건포도를 넣는다.

4. 드레싱을 ❸에 발라 180℃로 예열한 오븐에 약 10분간 굽는다. 겉면이 노릇해지면 꺼낸다.

땅콩 마요네즈 드레싱

마요네즈 드레싱 만드는 법 011페이지에 에 곱게 다진 땅콩을 믹스한다. 땅콩 맛을 좀 더 즐기려면 땅콩을 보다 굵게 다진다.

마요네즈 드레싱 2큰술

땅콩 50g

= 캐슈너트 1/2컵 + 레몬즙 1/2큰술 + 꿀 1/2큰술
올리브유 1/2큰술 + 물 1/2큰술 + 소금 약간

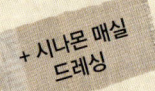 + 시나몬 매실 드레싱

호박설기 화채 샐러드

지난겨울 툇마루에서 말린 늙은 호박 속으로 설기를 만들어 보았습니다. 수수가루와 쌀가루만 있으면 뚝딱 만들 수 있지요. 목을 축일 수 있는 과일 화채를 더했더니 세트메뉴가 되었네요.

1인분
428Kcal

재료(2인분)
- 말린 늙은 호박 속 40g
- 완두콩 48g
- 수수가루 100g
- 쌀가루 15g

과일 화채
- 수박 300g
- 멜론 1/10개
- 키위 1개(120g)

1. 늙은 호박 속 말린 것을 가위로 1cm 간격으로 자른다.

2. 수수가루와 쌀가루를 섞어 체에 곱게 내린다.

3. 체에 내린 가루와 잘게 썬 말린 호박 속, 완두콩을 함께 버무린다.

4. ❸을 한데 모아 김 오른 찜기에 베 보자기를 깔고 찐다.

5. 쌀가루가 폭 익도록 찐다. 젓가락으로 찔렀을 때 묻어나지 않으면 다 익은 것.

6. 김발에 ❺의 떡을 올려 돌돌 말아 김밥을 썰듯 썬다. 준비한 과일을 모두 깍둑 썰어 드레싱과 곁들인다.

시나몬 매실 드레싱

분량의 물에 계피와 말린 대추를 넣어 계피 물을 우려낸 뒤, 조청과 레몬즙, 매실청 만드는 법 017페이지 을 더해 고루 섞는다.

+ 아이스 바나나 드레싱

망고 스무디 샐러드

집에서 먹는 시원한 과일빙수입니다. 얼린 과일로 만든 드레싱이 얼음만큼이나 시원하지요. 망고와 파인애플 모두 수분이 많아 차게 보관했다가 만들어 먹으면 정말 시원하고 맛나요.

1인분
280Kcal

재료(2인분)
- 망고 1개
- 파인애플링 2개(200g)
- 딸기 10개
- 블루베리 10개(20g)

1. 망고는 납작한 씨 부분을 피해 길쭉하게 3등분해 사각 모양으로 칼집을 내고 과육만 발라 낸다.

2. 망고와 파인애플은 1×2cm 크기로 깍둑 썬다.

3. 딸기는 4등분하고, 블루베리는 통째로 준비한다.

4. 준비한 재료에 얼린 바나나로 만든 드레싱을 붓는다.

아이스 바나나 드레싱

바나나를 랩으로 싸 냉동실에서 얼린 뒤, 우유와 함께 믹서에 넣어 곱게 간다. 호두를 굵게 다져 드레싱에 더한다.

호두 2개 + 얼린 바나나 1개 + 산양유 1컵

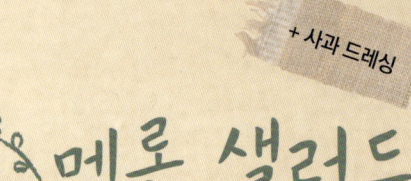

메론 샐러드

과일 화채 그릇으로 과일 통만 한 것이 없지요. 수박, 메론처럼 단단한 껍데기의 과일은 그릇으로 활용하기 좋습니다. 과일 본연의 향과 맛이 우러나 풍미를 더해주지요.

1인분 456Kcal

재료(2인분)
- 멜론 1개
- 딸기 10개
- 오렌지 1개
- 적포도 10알
- 청포도 10알

1. 메론은 빗살무늬 형태로 칼집을 넣어 반 자른 뒤, 숟가락으로 속을 파낸다. 파낸 속은 1×1cm 크기로 나박 썬다.

2. 오렌지는 껍질을 벗겨 메론과 같은 크기로 나박 썰고, 딸기는 4등분, 포도는 반 자른다.

3. 드레싱을 만든다. 사과를 다져 레몬즙과 섞고 애플민트를 띄운다.

4. 준비한 드레싱과 재료를 한데 버무려 속을 파낸 메론에 넣는다.

사과 드레싱

사과를 곱게 다져 레몬즙에 고루 섞는다. 애플민트 잎을 띄워 드레싱에 향을 더한다.

사과 1/2개(100g) + 레몬즙 1큰술 + 애플민트 약간

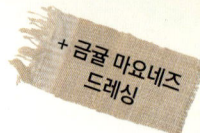 금귤 마요네즈 드레싱

튀긴 소면 샐러드

오렌지와 금귤을 마요네즈 드레싱으로 버무린 샐러드예요. 향과 맛이 강한 금귤은 잘게 다져 드레싱에 넣으면 더욱 맛이 좋지요. 튀긴 소면의 맛도 바삭하니 색다르답니다.

1인분 267Kcal

재료(2인분)
- 오렌지 2개
- 금귤 7개
- 우리밀 소면 30g
- 적근대 3장

1. 오렌지는 껍질을 벗겨 과육이 보이도록 웨지 모양으로 썬다.

2. 금귤은 반 갈라 씨를 빼낸다. 적근대는 큼직하게 자른다.

3. 드레싱을 만든다. 마요네즈 드레싱에 분량의 금귤 과육과 즙을 더해 섞는다. 소면은 끓는 기름에 튀긴다.

4. 튀긴 소면에 기름은 빼고 적근대와 오렌지, 금귤을 드레싱에 버무린다. 소면을 올려 먹는다.

금귤 마요네즈 드레싱

금귤을 반 갈라 반은 즙을 내고, 반은 잘게 다진다. 마요네즈 드레싱 만드는 법 011페이지에 금귤 즙과 다진 과육을 넣어 섞는다.

마요네즈 드레싱 2큰술
금귤 6개

= 캐슈너트 1/2컵 + 레몬즙 1/2큰술 + 꿀 1/2큰술
올리브유 1/2큰술 + 물 1/2큰술 + 소금 약간

+ 솔잎청 드레싱

밤 수삼 샐러드

어르신을 위한 후식용 샐러드입니다. 담백한 밤과 쌉쌀한 수삼에
상쾌한 향과 맛의 솔잎청 드레싱을 더했습니다. 청을 이용한
드레싱을 사용할 때는 그 양에 주의해야 합니다. 너무 많이
넣으면 재료의 향이 사라질 수 있어요.

1인분
116Kcal

재료(2인분)
- 밤 10개(50g)
- 수삼 1뿌리(60g)
- 핑크볼 1줌(20g)

1

밤은 껍질을 벗겨 색이 변하지 않도록 찬물에 담가둔다.

2

수삼은 잔뿌리 제거해 통통한 몸통을 슬라이스한다. 약간 도톰해야 씹히는 맛이 좋다. 남은 잔뿌리는 버리지 말고 다른 요리할 때 사용한다.

3

핑크볼을 씻어 물기를 뺀다. 준비한 밤과 슬라이스한 수삼을 그릇에 담고 드레싱을 넣어 버무린 뒤 핑크볼을 올린다.

솔잎청 드레싱

솔잎청 만드는 법 017페이지에 동량의 물을 타서 사용한다. 솔잎청은 솔잎에 설탕을 넣고 석 달 동안 발효시킨 엑기스다.

솔잎 꿀절임 2큰술 = { 솔잎 6 : 꿀 4 }

물 2큰술

특별한 날에는 샐러드 도시락을 만들어 보세요.
두부구이와 아보카도로 맛낸 김밥부터 토마토
파니니, 매실과 우엉으로 만든 주먹밥까지…
샐러드를 넣은 특별한 레시피를 소개합니다.

DISH 7 **도시락 샐러드**

+ 잣 마요네즈 드레싱

주먹밥 샐러드

현미밥에 매실 장아찌와 우엉조림만으로도 맛난 주먹밥을 만들 수 있지요. 모양을 잡아 깻잎으로 싸면 손에 잡고 먹기 좋답니다. 간단하게 잣 마요네즈 드레싱에 버무린 사과를 곁들이면 훌륭한 도시락 메뉴가 된답니다.

1인분 598Kcal

재료(2인분)
- 현미 130g
- 당근 1/3개(약 70g)
- 매실 장아찌 30g
- 빨강 파프리카 30g
- 노랑 파프리카 30g
- 주황 파프리카 30g
- 깻잎 5장
- 우엉 조림
  - 우엉 70g
  - 조청 1+1/2큰술
  - 국간장 1+1/2작은술
  - 물 5큰술

과일 샐러드
- 사과 1개(200g)
- 말린 크랜베리 5g

1 현미밥을 짓는다. 우엉은 곱게 다져 냄비에 국간장, 조청, 물을 넣고 졸인다.

2 파프리카는 잘게 다지고, 당근도 다져 볶는다. 매실 장아찌는 과육은 다지고, 국물은 현미밥에 비벼 간을 낸다.

3 현미밥에 우엉 조림과 매실, 볶은 당근, 파프리카를 고루 섞는다.

4 ❸을 손으로 모양을 잡은 뒤, 깻잎으로 겉면을 싼다. 사과는 깍둑 썰어 크랜베리와 드레싱에 섞어 곁들인다.

잣 마요네즈 드레싱

캐슈너트 대신 잣이 들어가는 마요네즈 드레싱. 믹서에 잣과 레몬즙, 꿀, 올리브유, 물을 넣고 간다. 마지막에 소금 간하면 끝.

잣 1/2컵 + 레몬즙 2작은술 + 꿀 2작은술
올리브유 2작은술 + 물 2작은술 + 소금 약간

+ 토마토 잣 드레싱

라이스 샐러드

율무와 옥수수 알맹이, 강낭콩을 삶아 샐러드를 만들어 보았어요. 브로콜리와 가지, 피망, 양파, 블랙올리브에 드레싱을 버무리면 마치 상큼한 비빔밥을 먹는 것 같지요. 입맛에 따라 고추의 양을 조절하세요.

1인분
282Kcal

재료(2인분)
- 율무 20g
- 옥수수 알맹이 1줌(40g)
- 강낭콩 25g
- 브로콜리 20g
- 가지 20g
- 피망 10g
- 양파 20g
- 말린 고추 1/2개
- 블랙올리브 4개
- 마늘 1쪽

1 일반 밥보다 물을 조금 더 넣어 40분간 율무밥을 짓는다.

2 분량의 옥수수 알과 강낭콩도 각각 냄비에 넣고 삶는다.

3 브로콜리는 송이를 작게 썰고, 가지는 얇게 슬라이스해 전자레인지에서 살짝만 익힌다. 피망과 말린 고추는 잘게 다진다.

4 블랙올리브는 슬라이스하고, 양파는 다진다. 마늘은 편 썰어 살짝 굽는다. 모든 재료를 고루 섞어 드레싱과 함께 버무린다.

토마토 잣 드레싱

토마토는 끓는 물에 살짝 데쳐 껍질을 벗긴다. 삶은 토마토에 모든 재료를 믹서에 넣어 간다. 잣은 빻아서 토핑처럼 사용해도 된다.

삶은 토마토 1개(130g) + 잣 2줌(30g) + 올리브유 1큰술 + 레몬즙 1큰술

다진 양파 1작은술 + 소금 약간 + 후춧가루 약간

+ 발사믹 오일 드레싱

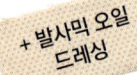

토마토 파니니

간단한 도시락이 필요할 때 파니니를 추천합니다. 통밀식빵에 토마토와 양파, 오이 피클을 올리고 발사믹 오일 드레싱으로 마무리하면 되지요. 빵 소스를 바르면 더욱 맛이 좋은데, 따로 만들기 번거롭다면 리코타 치즈를 발라도 좋습니다.

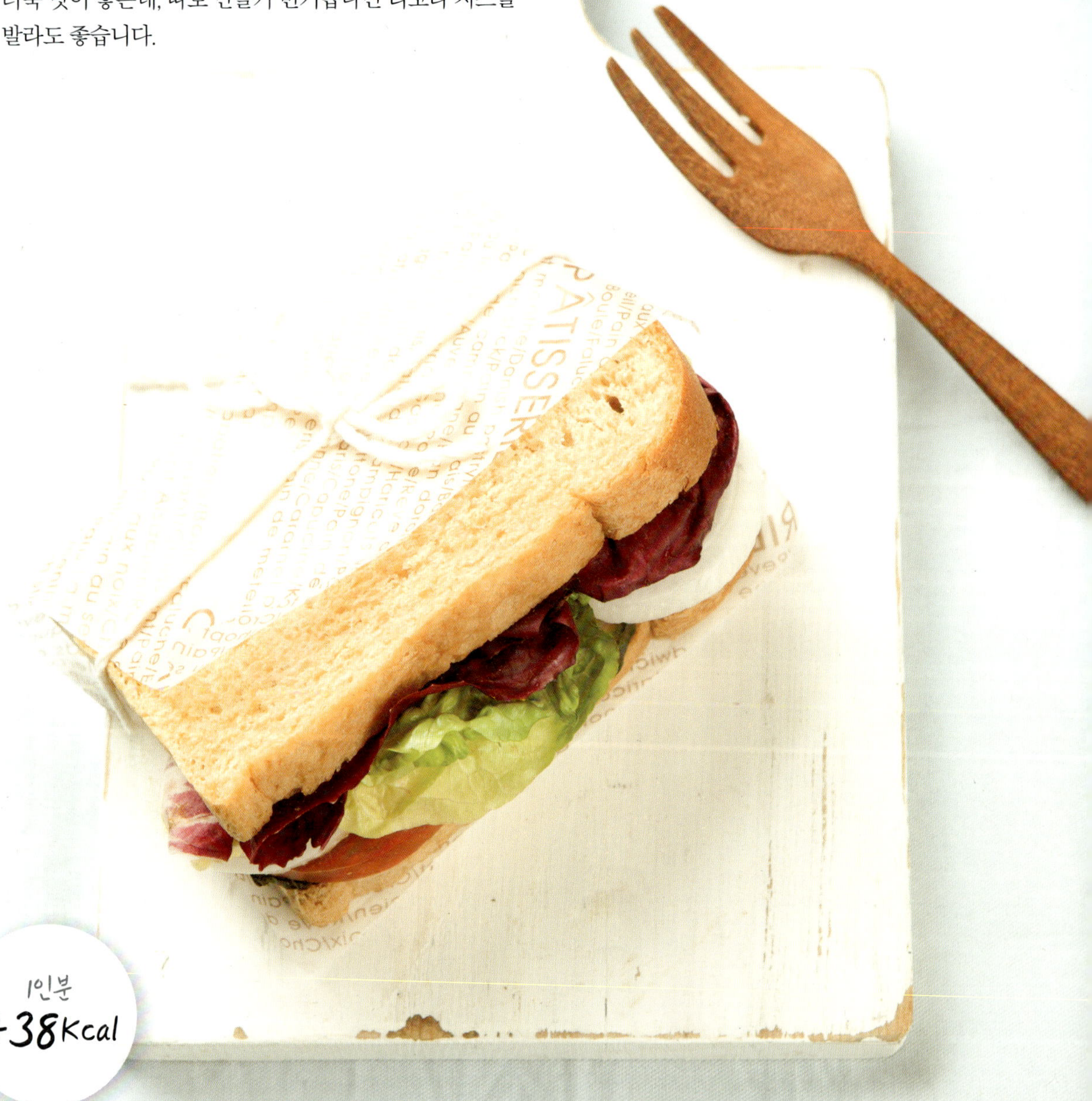

1인분
438Kcal

재료(2인분)
- 통밀식빵 4장
- 토마토 1개(120g)
- 양파 1/2개(100g)
- 양상추 2장
- 적근대 2장

피클
- 오이 1/5개(40g)
- 레몬 1작은술
- 꿀 1작은술
- 소금 약간

빵 소스
- 불린 대두 30g
- 잣 10g
- 마요네즈 드레싱 2큰술
- 소금 약간

1. 그릴 팬에 통밀식빵을 올려 노릇하게 굽는다.

2. 토마토와 양파는 모양을 살려 링 모양으로 썬다.

3. 분량의 재료를 갈아 빵 소스를 만들어 그릴 팬에 구운 빵에 소스를 바른다.

4. 오이는 묵칼로 썰거나 원형 모양대로 썰어 레몬즙과 소금, 꿀에 잠시 절여 피클을 만든다.

5. ❸에 양상추와 적근대, 피클 재료를 얹고 마지막으로 발사믹 오일 드레싱을 뿌려 완성한다.

발사믹 오일 드레싱

발사믹 식초와 올리브유의 비율을 2:1로 넣고 섞는다. 요리의 양이 늘어나면 비율만큼 양을 늘린다.

발사믹 식초 1큰술

+

올리브유 1/2큰술

+ 캐슈너트 드레싱

단호박 샐러드

단호박과 감자는 찰떡궁합 재료이지요. 단호박의 달콤함과 감자의 단백함이 잘 어울려요. 오이와 양파는 수분을 꼭 짜서 사용해야 도시락으로 쌌을 때 물기가 많이 생기지 않지요. 장거리 여행이라면 오이와 양파의 양을 줄이는 것도 방법이에요.

1인분 235Kcal

재료(2인분)
- 단호박 1/5통(160g)
- 감자 200g(1개)
- 양파 1/10개(20g)
- 오이 1/4개(50g)
- 꿀 1큰술
- 레몬즙 1큰술
- 소금 약간
- 각종 견과류 약간

1. 단호박은 초록 껍질이 보이게끔 손질하고, 감자는 껍질을 벗겨 김이 오른 찜기에 한데 넣어 찐다.

2. 단호박의 속살이 달걀노른자처럼 되고, 감자의 속살이 달걀흰자처럼 보이면 불을 끈다.

3. 푹 찐 단호박과 감자를 한데 담아 곱게 으깬다.

4. 양파와 오이는 얇게 나박 썰어 레몬즙과 꿀, 소금에 무쳐 10분간 절였다가 물기 없이 짠다. 국물은 남겼다가 드레싱 만들 때 사용한다. 모든 재료와 드레싱을 섞으면 완성.

캐슈너트 드레싱

캐슈너트와 양파와 오이 절인 물을 넣고 곱게 간다. 절인 물에서 새콤하면서도 양파의 시원함과 오이의 상큼함이 전해진다.

양파 오이 절인 물 4큰술 = 오이 50g + 양파 20g + 꿀 1큰술 + 레몬즙 1큰술 + 소금 약간

캐슈너트 30g

+ 겨자 레몬 드레싱

샐러드 김밥

여러 채소에 드레싱을 더한 샐러드 김밥도 추천 도시락 메뉴입니다. 햄 대신 두부구이, 맛살 대신 아보카도를 넣어 고소함을 더했지요. 김밥을 말 때 드레싱을 밥 위에 펴 바르면 맛이 더 좋답니다.

1인분
553Kcal

재료(2인분)
- 현미밥 400g(2공기)
- 김밥용 김 4장
- 아보카도 1개
- 김장김치 40g
- 오이 1/5개(40g)
- 당근 1/10개(20g)
- 깻잎 8장(20g)
- 두부 1/2모(150g)
- 새싹채소 1줌(20g)
- 포도씨유 2작은술
- 우엉 조림
  - 우엉 40g
  - 물 3큰술
  - 조청 1큰술
  - 국간장 1작은술

단무지
- 무 60g
- 레몬즙 2큰술
- 치자 물 1큰술
- 꿀 1큰술

1. 전날 밤, 무를 김밥 크기에 맞춰 썰어 레몬즙과 치자 물, 꿀을 섞은 물에 담가 단무지를 만든다.

2. 김은 김밥용 김으로 준비해 반으로 자른다. 김장김치, 오이, 당근, 두부, 우엉도 김 길이에 맞춰 같은 굵기로 썬다.

3. 우엉은 국간장과 조청, 물을 넣어 졸인다. 두부와 당근도 각각 포도씨유를 두른 팬에서 볶는다.

4. 새싹채소도 물기를 턴다. 아보카도는 포크로 으깨어 준비한다.

5. 김발에 김을 깔고 깻잎과 현미밥을 올린 뒤 드레싱을 펴 바르고 준비한 재료를 하나씩 놓고 돌돌 만다.

겨자 레몬 드레싱

무를 절이고 남은 물은 버리지 말고 드레싱에 넣는다. 잣을 빻아 넣고 마지막에 겨자가루를 더하면 겨자 레몬 드레싱 완성.

무절임 물 20g = 무 60g + 레몬즙 2큰술 + 치자 물 1큰술 + 꿀 1큰술

잣 10g + 겨자가루 조금

+ 잣 마요네즈 드레싱

통밀식빵 샐러드

통밀식빵을 노릇하게 굽고 그 속에 파인애플과 양파를 잣 마요네즈 드레싱과 버무려 넣습니다. 오이를 길게 슬라이스해 만든 오이 피클은 빠른 시간에 만들 수 있는 피클이랍니다.

1인분 591Kcal

재료(2인분)
- 통밀식빵 4장(100g)
- 콩살들이 2장(30g)
- 파인애플 링 1/2개(50g)
- 양파 20g
- 로즈 2장
- 오이 30g
- 레몬즙 2큰술
- 꿀 1큰술

1 오이는 길게 반 갈라 얇게 슬라이스한다.

2 레몬즙과 꿀을 섞은 뒤 ❶의 오이를 재운다.

3 콩살들이는 김 오른 찜통에 넣어 찌고, 파인애플은 4등분하고, 양파는 링 모양으로 썬다.

4 통밀식빵을 기름을 두르지 않은 팬에서 굽는다. 분량의 재료에 드레싱을 더해 버무린 뒤, 구운 통밀식빵에 속처럼 넣어 먹는다.

잣 마요네즈 드레싱

캐슈너트 대신 잣을 넣어 만든 마요네즈 드레싱이다. 믹서에 잣과 레몬즙, 꿀, 올리브유, 물을 넣고 간다. 마지막에 소금 간하면 끝.

잣 2/3컵 + 레몬즙 2작은술 + 꿀 2작은술
올리브유 2작은술 + 물 2작은술 + 소금 약간

Bonus Page

자연식 곁들임 메뉴 5

샐러드만으로는 무언가 부족하다고 느껴질 때, 간단한 곁들임 메뉴가 필요합니다. 홈메이드 또띠아부터 공갈빵, 컬러 두부, 밀고기, 설기까지 샐러드와 곁들이기 좋은 메뉴만을 모아 보았습니다.

1 쇠고기맛 재료

2 닭고기맛 재료

3 떡갈비맛 재료

01 밀고기

고기 대신 샐러드에 넣기 좋은 밀고기는 크게 쇠고기맛과 닭고기맛으로 나눌 수 있습니다. 쇠고기맛을 좋아하면 비트와 버섯으로 색과 맛을 내고, 닭고기맛을 좋아하면 캐슈너트과 대두를 넣으면 되지요. 입맛에 따라 카레가루나 다양한 양념을 넣으면 원하는 식감의 밀고기가 완성됩니다.

쇠고기맛 밀고기 | 글루텐가루 1컵(100g), 물 3/4컵(150ml), 비트·양파 20g씩, 잣·호두·표고버섯·느타리버섯·백만송이버섯 10g씩, 팽이버섯 5g

닭고기맛 밀고기 | 글루텐가루 1컵(100g), 물 3/4컵(150ml), 캐슈너트 30g, 양파 20g, 대두 15g, 호박씨·아몬드·표고버섯·느타리버섯·백만송이버섯 10g씩, 팽이버섯 5g

떡갈비맛 밀고기 | 쇠고기맛 밀고기 반죽 80g, 다진 양파·다진 파·다진 마늘 2작은술씩, 깨소금·후춧가루 약간씩

1 원하는 맛을 정한 뒤 글루텐가루를 제외한 남은 재료를 믹서에 곱게 간다.
2 분량의 글루텐가루를 ❶에 넣어 반죽을 치댄다.
3 완성되면 한끼 식사량만큼 나눠 랩으로 싸 냉동실에 보관해 필요할 때마다 꺼내 쓴다.

02 컬러 두부

고추장이나 고춧가루 베이스의 칼칼한 드레싱의
샐러드에는 두부나 묵처럼 담백한 사이드 메뉴가 제격이지요.
대두에 시금치와 당근만 갈아 넣으면 샐러드를 한층 빛내줄
나만의 색다른 컬러 두부를 완성할 수 있습니다.

재료 | 대두 300g, 시금치 3줌, 당근 2개, 간수 2큰술

1 대두는 깨끗이 씻어 잘 일어서 6시간 이상 퉁퉁 불린 후 그 국물과 같이 믹서에 곱게 간다.
  이후 자루에 넣어 막 치댄 뒤 콩물만 받아 놓는다.
2 시금치와 당근도 적당한 크기로 썰어 믹서에 넣고 곱게 갈아 즙을 낸다. 흰색 두부는 1의
  콩물만으로 만든다.
3 받아 놓은 콩물에 시금치 즙과 당근 즙을 각각 넣어 섞는다.
4 섞인 콩물을 한소끔 끓여 파르르 끓으면 간수를 붓는다. 이후 불을 끄고 뚜껑을 닫고 뜸을
  들인다. 사각 틀에 베 보자기를 깔고 끓인 두부를 부어 굳어질 때까지 두었다가 원하는
  모양으로 썰어서 낸다.

03 공갈빵

속이 텅 비고 겉만 부풀게 구운 중국식 빵인 공갈빵도 샐러드와 함께 먹기 좋습니다. 반죽 사이에 사탕수수와 시나몬가루를 섞어 넣으면 훨씬 맛이 좋지요. 호떡 크기로 빚으면 됩니다.

재료 | 우리통밀가루 1컵, 물 1/2컵, 사탕수수 4작은술, 시나몬가루 약간

1 우리통밀가루와 물을 섞어 반죽한 뒤 랩을 씌워 1시간 숙성시킨다.
2 반죽이 숙성되면 공기를 빼고 다시 치대 작은 도넛 모양으로 동글게 빚는다.
3 피자 도우 만들 듯 방망이로 밀어서 넙적하게 만든다.
4 그 속에 사탕수수와 시나몬가루 섞은 것을 적당히 뿌려 반 접은 뒤 칼로 십자 모양을 낸다. 180℃로 예열된 오븐에 넣고 10분 정도 부풀어 오를 때까지 굽는다.

04 또띠아

오일류가 들어간 짭조름한 샐러드를 먹을 때면 빵 생각이 간절해지죠. 그럴 때 곁들이기 좋은 메뉴가 또띠아예요. 우리통밀가루로 만들면 안심하고 먹을 수 있답니다. 방법도 아주 간단합니다.

재료 | 우리통밀가루 · 불린 현미가루 1/2컵씩, 물 1/3컵

1. 우리통밀가루와 불린 현미가루, 물을 섞어 반죽해 랩을 씌워 1시간 숙성시킨다.
2. 반죽을 치대 작은 도넛 모양으로 동글게 빚는다.
3. 밀대를 이용해 반죽을 지름 10~12cm 정도의 크기로 편다.
4. 180℃로 예열한 오븐에 넣고 10분간 굽는다.

1

2

3

4

05 설기

어린 쑥과 꽃처럼 제철에 나는 재료를 이용해 설기를 만들어 보세요. 샐러드와 곁들여도 맛나고, 상차림도 멋스러워진답니다. 달짝지근한 맛이 생각날 때마다 뚝딱 만드는 메뉴예요.

재료 | 불려서 가루 낸 현미가루 또는 현미찹쌀가루 60g, 어린 쑥 50g(또는 식용꽃 50g)

1 현미가루는 3번 정도 체에 내려 고운 가루를 받는다. 찹쌀을 이용하면 떡이 찰지고, 맵쌀을 이용하면 포실포실하다.
2 어린 쑥을 뜯어 깨끗이 씻어 물기를 털어 적당한 크기로 썬다.
3 쑥과 체에 내린 가루를 고루 잘 섞는다.
4 빵틀에 3을 꽉꽉 채운다. 김 오른 찜기에 내용물을 채운 빵틀을 넣고 찐다. 젓가락으로 넣었을 때 쏙 들어가면 불을 끄고 뜸을 들여서 완성한다. 꽃설기를 만들 때는 가루로만 설기를 만든 뒤 마지막에 꽃을 장식한다.

Salad Calorie Index

원하는 칼로리를
찾아 드세요!

영양 감수 **송현승**

* 칼로리는 1인분 기준입니다.
* 자연식 고추장, 자연식 된장, 자연식 간장은 시중 판매 상품 기준으로 분석했습니다.
* 식품성분자료 출처
  한국인영양섭취기준(한국영양학회.2010)

100kcal 이하

31kcal
채소 화채 샐러드
182 P

35kcal
물미역 샐러드
070 P

67kcal
표고버섯 샐러드
068 P

69kcal
세발나물 샐러드
078 P

72kcal
우뭇가사리 샐러드
088 P

76kcal
버섯볶음 샐러드
076 P

77kcal
로메인 샐러드
038 P

79kcal
다시마말이 샐러드
142 P

80kcal
구운 가지 샐러드
130 P

91kcal
셀러리 샐러드
072 P

94kcal
가지찜 샐러드
064 P

100~200kcal

105kcal
모둠 채소 샐러드
030 P

116kcal
밤 수삼 샐러드
200 P

119kcal
야콘 배추 샐러드
086 P

120kcal
시금치 샐러드
160 P

121kcal
더덕구이 샐러드
084 P

122 kcal
나물 샐러드
056 P

132kcal  토마토 수프 샐러드 120 P	135kcal 양배추 쌈 샐러드 128 P	139kcal 오이 믹스 샐러드 062 P	147kcal 톳 생채 샐러드 156 P	147kcal 튀긴 두부 샐러드 060 P
150kcal  구운 감자 샐러드 026 P	152kcal  연두부 샐러드 136 P	153kcal  바나나 새싹 샐러드 050 P	165kcal 삼색 콩 샐러드 090 P	167kcal 사라다나 샐러드 046 P
167kcal  버섯 숙회 샐러드 176 P	177kcal  알배추 가지 샐러드 082 P	177kcal  모둠 콩 샐러드 104 P	185kcal  리코타 시저 샐러드 040 P	195kcal 감자 샐러드 024 P
200kcal 비빔 통밀칼국수 샐러드 112 P				

200~300kcal

207kcal 튀긴 곤약 샐러드 170 P	212kcal  튀긴 사과 샐러드 184 P	225kcal  콩나물 볶음 샐러드 134 P	226kcal  말린 과일 샐러드 186 P	227kcal 표고버섯선 샐러드 140 P
235kcal  단호박 샐러드 210 P	241kcal 오믈렛 샐러드 100 P	248kcal  브로콜리 샐러드 066 P	256kcal  감자 양배추 샐러드 118 P	261kcal  구운 뿌리채소 샐러드 174 P

263kcal	267kcal	269kcal	272kcal	278kcal

현미 떡 샐러드	튀긴 소면 샐러드	밤 대추 묵 샐러드	고대미밥 샐러드	부추잡채 샐러드
116 P	198 P	162 P	094 P	054 P

280kcal	280kcal	282kcal	282kcal	289kcal

밀고기말이 샐러드	망고 스무디 샐러드	삼색 롤 샐러드	라이스 샐러드	더덕 팬네 샐러드
146 P	194 P	138 P	206 P	110 P

295kcal	300kcal

스파이시 치킨맛 샐러드	알감자 다시마 샐러드
172 P	080 P

300~400kcal

319kcal	324kcal	325kcal	326kcal	333kcal

올리브 샐러드	공갈빵 샐러드	애호박 가지 샐러드	고구마 모닝빵 샐러드	과일찜 샐러드
106 P	032 P	126 P	044 P	180 P

334kcal	347kcal	348kcal	356kcal	360kcal

그레놀라 샐러드	햄버거 스테이크 샐러드	채소 볶음 샐러드	메밀전병 샐러드	파인애플 샐러드
036 P	042 P	022 P	132 P	190 P

379kcal	380kcal	383kcal

삼색 튀김 샐러드	버섯들깨 샐러드	오렌지 브런치 샐러드
166 P	122 P	034 P

400~500kcal

416kcal
호박밥 나물 샐러드
164 P

427kcal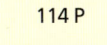
파스타 샐러드
114 P

428kcal
호박설기 화채 샐러드
192 P

438kcal
토마토 파니니
208 P

450kcal
대추 현미밥 샐러드
096 P

456kcal
메론 샐러드
196 P

460kcal
완자 샐러드
150 P

464kcal
쿨 두유 파스타 샐러드
108 P

466kcal
연근밥 묵 샐러드
158 P

500~600kcal

515kcal
두부 라이스버거 샐러드
028 P

527kcal
고구마 유자청 샐러드
148 P

533kcal
구운 알감자 샐러드
102 P

546kcal
통팥 샐러드
188 P

553kcal
샐러드 김밥
212 P

555kcal
파인애플 페이퍼 롤 샐러드
144 P

574kcal
와플 샐러드
048 P

584kcal
마 적양배추 샐러드
074 P

589kcal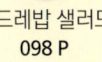
곤드레밥 샐러드
098 P

590kcal
표고버섯 깐풍기 샐러드
058 P

591kcal
통밀식빵 샐러드
214 P

592kcal
삼색 두부 샐러드
154 P

597kcal
대추곶감 샐러드
168 P

598kcal
주먹밥 샐러드
204 P

밥 대신 자연식 샐러드

2023년 5월 17일 5쇄 발행

저　　자	//	김옥경
펴 낸 이	//	문영애
사　　진	//	박신우
디 자 인	//	Relish(relish.ej@gmail.com)
요리 스타일링	//	강신혜(noda+ 쿠킹스튜디오)
요리 어시스트	//	김예목, 조원희(noda+ 쿠킹스튜디오)
출력·인쇄	//	도담프린팅
펴 낸 곳	//	수작걸다
주　　소	//	16824 경기 용인시 수지구 고기로89
이 메 일	//	suzakbook@naver.com
블 로 그	//	blog.naver.com/suzakbook

ISBN 978-89-6993-003-3 13590
Copyright © 김옥경

수작걸다는 '말과 말을 걸다'라는 뜻의 출판 브랜드입니다.

이 책은 저작권법에 따라 보호받는 저작물이므로 무단 전재와 무단 복제를 금지하며,
이 책 내용의 전부 또는 일부를 이용하려면 반드시 저작권자와 수작걸다의 서면 동의를 받아야 합니다.

* 인쇄 및 제본에 이상이 있는 책은 바꾸어 드립니다.

이 도서의 국립중앙도서관 출판시도서목록(CIP)은 서지정보유통지원시스템 홈페이지(http://seoji.nl.go.kr)와
국가자료공동목록시스템(http://www.nl.go.kr/kolisnet)에서 이용하실 수 있습니다.
(CIP제어번호: CIP2013009794)